Deutsche Kurzgeschichten

Dans la même collection

Lire en anglais

Thirteen Modern English and American Short Stories

Roald Dahl : Someone Like You and Other Short Stories

Somerset Maugham : The Escape and Other Short Stories

Scott Fitzgerald : Pat Hobby and Orson Welles and Other Short Stories

Lire en allemand

Moderne Erzählungen

Lire en espagnol

Cuentos selectos

Cuentos del mundo hispánico

LIRE EN ALLEMAND
Collection dirigée par Henri Yvinec

Deutsche Kurzgeschichten

Choix et annotations par Margit Schön
Professeur d'allemand

Le Livre de Poche

Sommaire

Abkürzungen

abw abwertend
etw etwas
geh gehoben (*soutenu*)
Gp Gemeinplatz (*cliché*)
j jemand
jn jemanden
jm jemandem
lit. *littéraire*
österr österreichisch
qqch *quelque chose*
qqn *quelqu'un*
süddt süddeutsch
ua unter anderem
ugs ungangssprachlich (*familier*)
usw und so weiter (*etc.*)
veralt. veraltet
zB zum Beispiel

Tout naturellement, après quelques années d'étude d'une langue étrangère, naît l'envie de découvrir sa littérature. Mais, par ailleurs, le vocabulaire dont on dispose est souvent insuffisant. La perspective de recherches lexicales multipliées chez le lecteur isolé, la présentation fastidieuse du vocabulaire, pour le professeur, sont autant d'obstacles redoutables. C'est pour tenter de les aplanir que nous proposons cette nouvelle collection.

Celle-ci constitue une étape vers la lecture autonome, sans dictionnaire ni traduction, grâce à des notes facilement repérables. S'agissant des élèves de lycée, les ouvrages de cette collection seront un précieux instrument pédagogique pour les enseignants en langues étrangères puisque les recommandations pédagogiques officielles (Bulletin officiel de l'Éducation nationale du 9 juillet 1987) les invitent à "faire de l'entraînement à la lecture individuelle une activité régulière" qui pourra aller jusqu'à une heure hebdomadaire. Ces recueils de textes devraient ainsi servir de complément à l'étude de la civilisation.

Le lecteur trouvera donc :

En page de gauche

Des textes contemporains choisis pour leur intérêt littéraire et la qualité de leur langue.

En page de droite

Des notes juxtalinéaires rédigées dans la langue du texte, qui aident le lecteur à

Comprendre

Tous les mots et expressions difficiles contenus dans la ligne de gauche sont reproduits en caractères gras et expliqués dans le contexte.

Observer

Des notes d'observation de la langue soulignent le caractère idiomatique de certaines tournures ou constructions.

Apprendre

Dans un but d'enrichissement lexical, certaines notes proposent enfin des synonymes, des antonymes, des expressions faisant appel aux mots qui figurent dans le texte.

Grammaire au fil des nouvelles

Chaque nouvelle est suivie de phrases de thème inspirées du texte avec références à celui-ci pour le corrigé. En les traduisant le lecteur, mis sur la voie par des italiques et/ou des amorces d'explication, révise les structures rebelles les plus courantes ; cette petite "grammaire en contexte" est fondée sur la fréquence des erreurs.

Vocabulaire

En fin de volume une liste de plus de mille mots contenus dans les nouvelles, suivis de leur traduction, comporte, entre autres, les verbes irréguliers et les mots qui n'ont pas été annotés faute de place ou parce que leur sens était évident dans le contexte. Grâce à ce lexique on pourra, en dernier recours, procéder à quelques vérifications ou faire un bilan des mots retenus au cours des lectures.

BEGEGNUNGEN

Gerhard Zwerenz (1925 geb.)

Gerhard Zwerenz, in Gablenz — heute Karl Marx Stadt — als Sohn eines Arbeiters geboren, wurde Kupferschmied. 1942 meldete er sich freiwillig zur Wehrmacht, desertierte 1944 und war bis 1948 in russischer Kriegsgefangenschaft. Danach trat er für zwei Jahre in die Volkspolizei ein. 1957 zog er in die BRD, da er als Mitglied der antistalinistischen Opposition politisch bedroht war. Seither lebte er als freier Schriftsteller in Köln, Frankfurt und München, verfaßte Romane, Essays und autobiographische Berichte.

Er ist ein Satiriker und sieht sich selbst in der Nachfolge Tucholskys, dessen Biographie er 1979 veröffentlichte.

1972 erschien im Fischer Taschenbuch Verlag eine Sammlung seiner witzig-überdrehten Geschichten unter dem Titel "Nur nichts gefallen lassen". Ihr ist die folgende Kurzgeschichte entnommen.

1986 erhielt Gerhard Zwerenz die Carl-von-Ossietzky-Medaille der Liga für Menschenrechte.

Diese Schweizer haben es faustdick hinter den Ohren. Deshalb traute ich Antoinette auch erst nicht, schwamm sie doch stets so weit hinaus, kam ganz erschöpft an den Strand zurück und erfand, damit wir keine Witze darüber rissen, immer neue seltsame Geschichten.

Es verging also einige Zeit, bis endlich einer faul und schläfrig, und nur um Antoinette einen Gefallen zu erweisen, fragte:

»Ein deutsch sprechender Fisch?«

»Und sogar hochdeutsch«, gab Antoinette Bescheid, während sie sich mit Sonnenöl einrieb.

Hochdeutsch sprechende Fische waren nun, wie man zugeben muß, an der Côte d'Azur zweifellos eine Seltenheit, denn Deutschland ist eines jener Länder, die nicht ans Mittelmeer grenzen und dahinzugelangen auch keine Aussicht haben, sieht man einmal von Bemühungen wie dem Gemeinsamen Markt ab.

Markus und ich beschlossen, die Gelegenheit zu einem kleinen Schwatz auszunutzen. Wir nahmen die Flossen und stülpten die Maske über, dann kraulten wir los.

Antoinette mag gut einen Kilometer weit draußen gewesen sein. Als wir ungefähr die gleiche Entfernung vom Strand erreicht hatten, legten wir uns still auf den Bauch und sahen nach unten.

Das Wasser war hier glasklar, der Grund schimmerte gelb, die Meeresfauna aber war karg und auch größere Fische sahen wir nicht. Wir schwammen ein wenig in Richtung St. Tropez, unterwegs sprach uns ein älterer Karpfen an. Ich fand das verwunderlich, stehen doch Karpfen gemeinhin in Süßwasser, aber der, dem wir hier begegneten, sprach ein seltsames Französisch und erläuterte Markus, daß er aus Avignon stamme und übers

haben...Ohren: *sont roublards*
traute...erst nicht: ich glaubte ihr zuerst nicht
stets: immer ☐ **erschöpft:** sehr müde
Strand: sie liegen am Meeres Strand in der Sonne ☐ **Witze...rissen:** sich lustig machten; sich mokierten ☐ **seltsam:** merkwürdig; bizarr ☐ **es...Zeit:** es dauerte eine Weile
schläfrig: müde ☐ **einen Gefallen zu erweisen:** um ihr Freude zu machen, ihr zuliebe

Hochdeutsch ≠ Dialekt ☐ **gab Bescheid:** antwortete
während: *tandis que* ☐ **einrieb:** die Sonne verbrennt die Haut, deshalb reibt sie sich mit Sonnencreme ein
zweifellos: gewiß ☐ **Seltenheit** < selten = rar
eines jener Länder: eines von den Ländern, die...
grenzen: Belgien grenzt an Frankreich ☐ **dahinzugelangen:** dorthinzukommen; es zu erreichen ☐ **Aussicht:** Chance ☐ **sieht...ab:** *abstraction faite des efforts...* ☐ **Gemeinsamer Markt:** 12 Länder Europas ☐ **beschlossen** < beschließen ☐ **Gelegenheit:** *occasion* ☐ **Schwatz:** *causette* ☐ **auszunutzen:** sie nutzt jede freie Minute zum Lesen ☐ **stülpten...über:** setzten...auf
mag...sein: war wahrscheinlich
ungefähr: etwa; nicht präzise ☐ **Entfernung:** Distanz
erreicht: dahingelangt ☐ **still:** ganz ruhig, ohne zu sprechen

schimmerte: glänzte leicht; der Mond schimmert durch die Wolken ☐ **karg:** arm; wenig ☐ **größere Fische:** von mittlerer, normaler Größe
in Richtung: auf...zu gegen
Karpfen: *carpe* ☐ **fand...verwunderlich:** seltsam; ich wunderte mich
gemeinhin: normaler Weise; generell ☐ **Süßwasser** ≠ Salzwasser
begegneten: trafen ☐ **erläuterte:** erklärte
aus...stamme: aus...sei ☐ **übers:** uber das

Wochenende zum Meer ausweiche, weil man hier eben mehr Auslauf habe und nicht unter den Industrieabwässern leiden müsse. Auch sei es ganz klug, sich hin und wieder von der Familie zu separieren, man erhole sich doppelt so gut, und endlich frische eine Abwesenheit die alte Liebe wieder auf — dies setzte er nicht ohne ironisches Augenzwinkern hinzu.

Ich selbst konnte seinen Ausführungen nicht zur Gänze folgen, einmal ist mein Französisch nicht das beste, und zum anderen bediente sich der Karpfen aus Avignon eines zu ausgeprägten Dialekts. Markus aber, welt- und sprachgewandt, wie diese Eidgenossen sind, bekam jedes Wort mit, und am Ende erkundigte er sich nach dem deutsch sprechenden Fisch.

»Ach«, stöhnte der Karpfen, »verschonen Sie mich mit dem !« Ich hätte gern mehr erfahren, denn wenn von einem Landsmann schlecht gesprochen wird, möchte man wenigstens wissen, ob es begründet ist.

Dieweil hatte Markus aber den Karpfen auf meine Staatsangehörigkeit aufmerksam gemacht, und da äußerte sich der — höflich, wie die Franzosen sind — nicht weiter und meinte nur, wir sollten an die braunen Klippen schwimmen.

Dort fanden wir den Gesuchten. Er lungerte in einer netten Spalte herum und schien ein zugänglicher Kerl. Ich fragte ihn, wie er auf diese Idee gekommen sei.

»Ach, wissen Sie«, sagte er, »immer der Ärger da draußen, bald steigen die Preise, bald die Steuern, bald die Löhne, die man zahlen muß, und dazu der Wirbel mit den Weibern — so was zerrt an den Nerven.«

»Also sind Sie enttäuscht.«

» Was heißt schon enttäuscht? Ich bin von Beruf

Wochenende: Weekend □ **ausweiche** < ausweichen *(s'esquiver)*
Auslauf haben: draußen im Freien viel Platz haben □ **Industrieabwässer**: *eaux usées* □ **klug**: intelligent
erhole...gut: man ruhe sich zweimal so gut aus
frische...auf: aktiviere wieder □ **Abwesenheit** ≠ Präsenz
setzte hinzu: sagte noch dazu □ **Augenzwinkern**: mit den Augen zwinkern
Ausführungen < ausführen: lange und genau erklären □ **Gänze**: Totalität □ **folgen**: verstehen
bediente sich eines ausgeprägten Dialekts: sprach einen sehr markanten Dialekt
sprachgewandt: spricht mit Eleganz viele Sprachen □ **Eidgenossen**: Schweizer □ **bekam...mit**: verstand □ **erkundigte...sich**: fragte nach
stöhnte: er stöhnt vor Schmerzen □ **verschonen...dem!**: sprechen sie nur nicht von dem! □ **erfahren**: davon gehört
Landsmann: er stammt aus Österreich wie ich, er ist mein Landsmann □ **wenigstens**: als Minimum □ **begründet**: ob das wirklich einen Grund hat □ **dieweil**: inzwischen
Staatsangehörigkeit: Nationalität □ **äußerte sich**: sagte
höflich sein: gute Manieren haben
meinte: sagte □ **Klippen**: sind gefährlich für Schiffe

Gesuchten: den Fisch, den wir suchten □ **lungerte...herum**: *traînait*
Spalte: *crevasse* □ **zugänglicher Kerl**: netter offener, geselliger Junge, der leicht mit Fremden spricht
Ärger: die Schüler sind sehr nett, der Lehrer hat nie Ärger mit ihnen □ **Steuern**: jeder Staat verlangt Steuern
Löhne < der Lohn: Geld, das man für Arbeit bekommt □ **Wirbel**: Aufregung □ **Weiber** (abwertend): Frauen □ **zerrt...Nerven**: nervt (ugs); geht auf die Nerven □ **enttäuscht**: zB. ich bin traurig und enttäuscht, daß du nicht gekommen bist

eigentlich Gartenbaufachmann, aber da verdient man heutzutage nichts mehr. Ich hab dann einen Gemüsehandel aufgemacht, zuletzt war ich im Autogeschäft; nicht, daß ich schlecht verdient hätte, die Kohlen stimmten bei mir, ich hab ein schönes Haus in Düsseldorf, meine Familie wohnt noch dort und das Geschäft floriert, meine vierzehn Angestellten kaufen und verkaufen den ganzen Tag über Autos, da kann ich nicht klagen...«

»Und warum gehen Sie dann als Fisch?«

Er kratzte sich hinterm Ohr.

»Ja, das ist so einfach nicht zu sagen, es überkommt einen — plötzlich sagt man sich: Wozu lebst du eigentlich? Wofür strampelst du dich ab? Was nützt dir das ganze schöne Geld? Die Welt muß schließlich auch noch was anderes sein als Geschäfte machen. So etwa geht's um in einem...«

Als wir soweit waren, ging mir die Puste aus. Wir tauchten auf, und auch der Fisch stieg mit hoch, hielt den Kopf über Wasser und rauchte eine Zigarette.

Markus, der als Schweizer für deutsche Romantik nicht das rechte Verständnis aufbringen kann, legte sich auf den Rücken und trieb sacht dem Strand zu, wo ihn Antoinette schon erwartete.

Da sagte der Fisch: »Sie sollten mit Ihrem Freund zusammen zurückschwimmen. Diese Schweizer sind in Dingen der Etikette empfindlich, er könnte es übelnehmen, wenn Sie mit ihm hergekommen sind und nicht mit ihm umkehren.«

Ich sah das ein und schwamm los. Der Fisch begleitete mich noch ein Stück. »Wissen Sie, hier im Mittelmeer gibt es ganz interessante Plätze. Da hält man's schon aus.«

»Wollen Sie denn Ihr ganzes Leben lang im Wasser bleiben?« fragte ich.

Gartenbaufachmann: Fachmann (Spezialist) für Hortikultur
heutzutage: jetzt; in unserer Zeit □ **Gemüse**: zB. Karotten, Tomaten... □ **zuletzt**: am Ende
die Kohlen stimmten (ugs): Geld verdiente ich genug

Geschäft: Firma
Angestellte: Leute die in einer Firma arbeiten
klagen: zB. er ist immer zufrieden, nie klagt er über etwas
gehen...Fisch: ich gehe als Pierrot zum Karneval
kratzte: zB. der Hund kratzt an der Tür, weil er herein will
überkommt einen: man wird plotzlich traurig □ **einen**: ac. von man
wozu: wofür; warum; zu welchem Zweck
strampelst...ab (ugs): warum arbeitest du so enorm viel

so...einem: solche Gedanken hat man; so denkt man (einem: dat. von man) □ **ging...aus**: er bekam keine Luft mehr
tauchten auf: kamen von unter dem Wasser wieder herauf □ **stieg** < steigen
nicht das rechte Verständnis aufbringen: nicht verstehen können und wollen
trieb sacht: ließ sich langsam vom Wasser tragen □ **sacht** ≠ brutal; abrupt □ **erwartete**: auf ihn wartete

empfindlich: sensibel □ **übelnehmen**: über etwas böse sein; sie hat es mir übelgenommen, daß ich sie nicht eingeladen habe
umkehren: zurückschwimmen, gehen, fahren, fliegen...
sah...ein < einsehen: verstehen □ **begleitete**: schwamm mit mir
ein Stück: einen Teil des Weges
Plätze < Platz (m.): Stelle; Ort □ **da...aus**: hier ist es schön, angenehm; hier läßt es sich leben

Er gab zu, daß dies vielleicht nicht ganz das richtige sei. »Immerhin — wer weiß? Anfangs wollte ich gleich meine Familie nachkommen lassen. Das hab ich dann sein lassen. Irgendwann, denk ich, werd ich doch wieder an Land zurückkehren, wiewohl man hier im Wasser sicherer ist vor Atombomben als anderswo. Interessieren könnt' mich draußen, das will ich Ihnen verraten, der Handel mit Südfrüchten — en gros natürlich —, das ist so eine Marotte von mir, das hab ich mir als Bub während des Krieges vorgenommen, als es keine Bananen, keine Apfelsinen, kaum einen verschrumpelten Apfel gab. Also das wäre noch was — aber man wird ja sehen —.«

Wir waren indes in Strandnähe gekommen, er wollte kein Aufsehen erregen und verabschiedete sich freundlich.

Ich winkte ihm unauffällig nach und stapfte durch den Sand zu meinen Freunden. Markus sagte gerade zu Antoinette, so daß ich's hören konnte: »Nein, diese Deutschen, jeder für sich sind sie ja zu ertragen, aber schon wenn sich zweie von ihnen treffen, da quasseln sie und quasseln vom Geschäft, es ist nicht zum Aushalten mit denen...«

Ich ließ mich wortlos neben ihnen in den Sand fallen.

gab zu < zugeben : einsehen ; einverstanden sein □ **das richtige :** das Ideale □ **immerhin :** aber, doch

sein lassen : nicht machen

irgendwann : er weiß noch nicht genau wann

wiewohl : obwohl

anderswo : woanders ; an einem anderen Ort (≠ hier)

verraten : sagen ; er will mir nicht verraten, wo er hingeht

Südfrüchte : Orangen, Zitronen usw

Bub : Junge

vorgenommen : (< sich etw vornehmen) : hatte den Plan □ **Apfelsine :** Orange □ **kaum :** fast keinen □ **verschrumpelt** ≠ glatt, frisch

indes : indessen ; inzwischen □ **Strandnähe :** nahe an den Strand **Aufsehen erregen :** auffallen (≠ diskret sein) □ **verabschiedete sich :** sagte auf Wiedersehen □ **unauffällig** = diskret □ **stapfte :** ging schwer (weil die Füße in Sand oder Schnee einsinken)

ich's : ich es

jeder für sich : jeder allein □ **ertragen :** aushalten

zweie = zwei □ **treffen :** zusammenkommen ; begegnen □ **quasseln :** (ugs) : viel reden □ **es...denen :** man kann sie (diese Deutschen) nicht ertragen

wortlos < ohne ein Wort zu sagen (Das Wort 'fallen' ist ein Verb und heißt auf Französich '*tomber*')

Grammaire au fil des nouvelles

Traduisez les phrases suivantes inspirées du texte (le premier chiffre renvoie à la page, les suivants aux lignes) :

***C'est pourquoi* au début je ne faisais pas non plus confiance à Antoinette...** (trad. de *c'est pourquoi*, 10 - 2).

***Quand* nous arrivâmes à la même distance de la plage, *nous nous mîmes* tranquillement *sur le ventre* et regardâmes vers le fond** (10 - 22).

Nous nageâmes un peu *en direction de Saint-Tropez* et, chemin faisant, une carpe *d'un certain âge* nous aborda (emploi idiomatique du comparatif de supériorité, 10 - 27,28,29).

Je trouvais ça étrange, *étant donné que* les carpes vivent généralement en eau douce (10 - 29).

***Moi-même je* ne pouvais pas suivre complètement ses explications, d'une part parce que mon français n'est pas *ce qu'il y a de mieux*, d'autre part la carpe d'Avignon utilisait un dialecte trop marqué** (12 - 8,9,10,11).

***...ce n'est pas que* je gagnais mal ma vie** (subj., 14 - 4).

***Vous devriez* retourner ensemble avec votre ami** (exhortation avec *soll*, 14 - 23,24).

...j'en avais déjà l'intention pendant la guerre *lorsque* j'étais enfant, *quand* il n'y avait pas de bananes, pas d'oranges, et que c'est *à peine si* on trouvait une pomme ratatinée (16 - 9,10,11).

Je me *laissai tomber* sans un mot à côté d'eux dans le sable (place du noyau verbal et du reste du groupe verbal dans les indépendantes, 16 - 22).

SCHLAGSCHATTEN

Renate Welsh (1937 geb.)

Renate Welsh, Tochter eines Arztes, studierte Sprachen und Staatswissenschaften, arbeitete als übersetzerin und lebt jetzt als freie Schriftstellerin in Wien. Sie ist seit 1970 vorwiegend als Autorin von Jugendbüchern bekannt und wurde mit dem Österreichischen Staatspreis für Jugendliteratur ausgezeichnet. Einige ihrer Bücher, zum Beispiel "Johanna" (1979), "Fiona und Michael" (1981), "Ende gut, gar nichts gut" (1982) und "Einfach dazugehören" (1984) sind als Rororo Taschenbücher erhältlich.

Die 1988 erschienene Sammlung von Kurzgeschichten : "In die Waagschale geworfen" basiert auf Gesprächen mit einfachen, unbekannt gebliebenen Menschen, die während des Nationalsozialismus in Österreich Widerstand geleistet haben.

Als sozial engagierte Schriftstellerin leitet Renate Welsh auch Schreibwerkstätten. Ihre Bücher handeln von meist jungen Menschen der Gegenwart und Problemen des Zusammenlebens in Familie und Gesellschaft.

Die Frau stand hinter der Kassa, versuchte jeden Blick in die Gesichter der Kunden zu vermeiden, so wie sie jede Berührung ihrer Hände beim Herausgeben des Wechselgeldes vermied, und sie gleichzeitig voll im Auge zu behalten, nicht nur die, die vor ihr standen und ihr die Milchdosen und Sonnenölflaschen darboten, auch die, die sich zwischen den Regalen herumtrieben, immer gingen sie hin und her und wieder zurück, darüber hinaus aber auch den Jungen, der hinter der Kühltheke half und dem man nicht trauen durfte, und vor allem ihren Sohn. Jetzt runzelte er die Stirn, zog die Augenbrauen zusammen. Sie spürte die Ausdruckslosigkeit seines Mundes als Ziehen in ihren eigenen Mundwinkeln. Fast hätte sie zufrieden gelächelt. Aber auch ihm konnte man nicht trauen, schließlich war er ein Mann, und da war all dieses Fleisch, das den Supermarket füllte, braunes Fleisch, nacktes Fleisch, Beine, die nicht aufhörten, offene Hemden und schlimmer noch weite Armausschnitte, die bei jeder Bewegung Brustansätze sehen ließen, sogar Brustwarzen. Aber die zeichneten sich ohnehin bei allen ab unter den dünnen Hemden, immer spitz, als wären sie eben gestreichelt worden. Nein, da konnte man ihm nicht trauen, die Versuchung war zu groß. Sie wußte, daß er wußte, daß sie sah, alles sah, öffentlich alles sah, und das war besser als Vertrauen. Denn der Teufel schläft nicht, und all dieses fremde Fleisch, das stellte sich doch für ihn aus, nicht für diese lächerlichen langhaarigen Knaben mit den schmalen Schultern. Das waren keine Männer, auch die, die breitschultrig aussahen, waren doch nur aufgeblasene, verkleidete Knaben. Keiner ein richtiger Mann, das sah sie gleich. Keiner.

Eine von diesen Blonden kam herein, rot wie ein frisch

versuchte...vermeiden : sah die Käufer in ihrem Laden nicht direkt an

Berührung < berühren : anfassen □ **beim...Wechselgeldes :** wenn sie Kleingeld zurückgab □ **voll im Auge zu behalten :** genau auf etwas aufpassen : nicht aus den Augen lassen

Milchdosen : Milchkonserven □ **darboten** < darbieten : hinhalten : zeigen □ **zwischen...herumtrieben :** zwischen den Etageren herumgingen (< herumtreiben) □ **darüber hinaus :** dazu noch ; außerdem

Kühltheke : *comptoir réfrigéré*

trauen : *faire confiance*

runzelte die Stirn : *fronça le sourcil* □ **Stirn :** *front* □ **Augenbrauen :** *sourcils* □ **spürte :** ich spüre die Sonne warm im Gesicht □ **Ausdruckslosigkeit :** < ausdruckslos ≠ ausdrucksvoll : expressiv □ **Mundwinkel :** (< Mund + Winkel) : die beiden Enden des Mundes

Fleisch n(es) : *chair*

nacktes : unbekleidetes : ohne Kleider

schlimmer noch : noch ärger ; noch skandalöser □ **Armausschnitte :** *emmanchures* □ **bei...Bewegung :** jedesmal wenn sie sich bewegten □ **Brustansätze :** *naissance des seins* □ **Brustwarzen :** *bouts de sein* □ **zeichneten sich ab :** die Konturen waren zu sehen □ **spitz** ≠ rund

gestreichelt : < streicheln : liebkosen

Versuchung : *tentation*

öffentlich : vor allen Leuten (publik)

Teufel : Satan

stellte...aus : zeigte sich ; bot sich dem Blick dar

lächerlich : nicht ernst zu nehmen □ **langhaarige Knaben :** Jungen mit langen Haaren □ **schmal** ≠ breit

aufgeblasen : arrogant ; mit Luft gefüllt

verkleidet : im Karneval verkleidet man sich □ **richtiger :** echter, wirklicher

gesottener Hummer. Da halfen alle ihre Salben und Cremes und Lotionen nicht, da konnten sie schmieren und ölen, so viel sie wollten, die Sonne war zu heiß für sie, so wie ihr Sohn zu gut für sie war. Aber hinter beiden waren sie her, schamlos in der Mittagshitze, wenn sogar die Hündinnen im Schatten lagen.

Vor ein paar Jahren waren es noch einzelne gewesen, und ihr Sohn hatte über ihre Befürchtungen gelacht, aber jetzt waren sie wie Heuschrecken, eine ägyptische Plage, und es würden immer mehr werden, die über die Strände einfielen, über die Tavernen, über die Straßen, bis nirgends mehr Platz war für eine anständige Frau und die Hirne der Männer verdorben waren. Aber die mußten ja Hotels bauen. Auch jetzt hörte sie das Klirren der Stahlträger, das Surren der Mischmaschine. Sie schüttelte den Kopf.

Ein braunhaarige Rothäutige suchte Zucker. Sie wußte natürlich, was die Fremde in der Hose, die die Hälfte ihrer Hinterbacken freiließ, suchte. Sie wußte meist, was die Leute suchten. Es bereitete ihr Vergnügen, zu sehen, wie die Frau auf- und abwanderte, wie sie versuchte, ihren Blick zu erhaschen. Es bereitete ihr Vergnügen, sich gerade dann über die Kassa zu beugen, Dinge zu sortieren, beschäftigt zu sein und aus dem Augenwinkel zu beobachten, wie sie Mut sammeln mußten, um ihre Abwehr zu durchbrechen. Ihr Sohn machte es ähnlich, sie wußte nicht, ob er es von ihr gelernt hatte oder ob sie beide zur selben Zeit auf die Möglichkeit verfallen waren, den Fremden zu zeigen, wer hier das Sagen hatte.

Ihr Sohn schob seinen Stuhl zurück, stand auf und ging aus dem Geschäft. Seit über einem Jahr sagte er nicht mehr, wohin er ging. Sie fragte nicht. Es wäre ein

gesotten: gekocht □ **Salben**: gegen dieses Ekzem gibt es eine gute Salbe □ **schmieren**: Creme auftragen; in die Haut reiben

hinter...her: < hinter jdm oder etw her sein: etw absolut haben wollen □ **schamlos**: obszön □ **Mittagshitze**: zu Mittag ist es besonders heiß □ **im Schatten** ≠ in der Sonne
einzelne: hin und wieder eine (≠ viele)
Befürchtungen: Angst vor etw, das passieren könnte
Heuschrecken: große Insekten, die alles kahl fressen
Strände < Strand: Meeresrand □ **einfielen** < einfallen

anständige ≠ unmoralische □ **Hirne**: Gehirne (*cerveaux*)
verdorben < verderben: schlecht werden
Klirren: Lärm von Metal oder Glas □ **Stahlträger**: *poutrelle en acier* □ **Surren**: regelmäßiges Geräusch □ **Mischmaschine**: Maschine die Zement, Sand und Wasser zu Beton vermischt
Rothäutige: mit roter, von der Sonne verbrannter Haut
Hälfte: 5 ist die Hälfte von 10
Hinterbacken: *fesses* □ **meist** = meistens
es...Vergnügen: es machte ihr Spaß
auf- und abwanderte: hin und her ging
erhaschen: einfangen □ **gerade**: just (ugs)
sich beugen: *se pencher* □ **sortieren**: ordnen
zu beobachten: genau zuzusehen
Mut sammeln: sich zusammen nehmen □ **Abwehr**: Widerstand

auf...verfallen: die Ideen hatten; darauf gekommen waren
das Sagen hatte: der Chef war
schob < schieben
seit über einem Jahr: seit mehr als einem Jahr

Zeichen der Schwäche gewesen, ihn zu fragen. Aber immer noch mußte sie schlucken, wenn er so ging, und ihr Hals war trocken dabei.

Sie blickte ihm nach, sah, wie sich das Unterhemd über seinen Rückenmuskeln spannte, sah seinen breiten Nacken. Er hatte die Finger hinter dem Rücken verhakt, der Schlüsselbund hing von seinem Zeigefinger und klirrte bei jedem Schritt. Manchmal, wenn sie abends eine halbe Stunde zu früh zusperrten und es kamen noch Fremde, die ihn fragend, ja sogar bittend ansahen, ließ er die Schlüssel hüpfen im Weitergehen. Die Schlüssel zum Supermarket, zum einzigen Geschäft im Dorf, die Schlüssel zur Kassa, die Schlüssel zum Telefon.

Zwei Fremde verlangten Brot. Brot! Das war der einzige Streit gewesen, den sie in den letzten Jahren mit Dimitri gehabt hatte, als er vorschlug, auch Brot zu verkaufen. Brot zu verkaufen an diese Leute. Willst du ihnen auch die Ikone verkaufen, hatte sie gefragt, und das Bild deines Vaters? Da hatte er aufgegeben.

Staub wehte herein. Natürlich, sie mußten ja eine Straße bauen. Als ob die Schotterstraße nicht auch für die gut genug wäre.

Dimitri redete davon, das Haus aufzustocken, ein Badezimmer wollte er haben, zwei Räume und eine Terrasse mit Blick auf das Meer. Der Gedanke war ihr unbehaglich. Sogar die Kacheln hatte er schon ausgesucht, eine lag jetzt in ihrer Küche unter der Kaffeekanne.

Der alte Pavlos stellte sich neben die Kassa und erzählte irgend etwas. Sie hörte ihm nicht zu. Der vermietete seine Zimmer an diese Leute, der saß abends mit ihnen und trank mit ihnen und glotzte den Frauen in die Blusen.

Jetzt redete er von der Hochzeit im Nachbardorf am

Schwäche < schwach ≠ stark
schlucken: sie mußte schlucken, weil ihr das noch immer nicht gleichgültig (egal) war

spannte: dehnte
Nacken: *nuque* □ **verhakt**: wie Haken (*crochets*) ineinander gesteckt □ **Schlüsselbund**: mehrere Schlüssel an einem Ring □ **Zeigefinger**: Finger, mit dem man auf etw zeigt
zusperrten: mit dem Schlüssel abschlossen □ **Fremde** = Touristen

hüpfen: leicht springen □ **im Weitergehen**: während er weiter ging
einzigen: es gibt nur dieses eine Geschäft hier

verlangten: wollten...haben; kaufen
Streit: Disput (streiten, stritt, gestritten)
vorschlug < vorschlagen; er schlägt vor

aufgegeben: resigniert; den Plan fallen lassen
Staub wehte...: Staub flog in den Laden
Schotter: *gravier* □ **für die** (abwertend): für diese Leute

aufstocken: ein Stockwerk, eine Etage auf das Haus bauen

der Gedanke: diese Idee □ **unbehaglich**: unangenehm
Kacheln: Fliesen □ **ausgesucht**: ausgewählt □ **eine** = eine von den Kacheln

der (abwertend): dieser □ **vermietete**: ließ für Geld Touristen in seinen Zimmern wohnen □ **saß** < sitzen
glotzte (ugs; abwertend): sah... dumm in, starrte
Hochzeit: zB. "Figaros Hochzeit"

nächsten Sonntag, von den Vorbereitungen. Sie wußte natürlich, was er wirklich meinte. Dann sagte er auch noch : das wäre eine Frau für deinen Dimitri gewesen. Als ob sie das nicht wüßte. Sie selbst hatte ihm das Mädchen vorgeschlagen, aber er hatte kein Wort gesagt, hatte nicht von der Zeitung aufgeblickt, hatte sie dann zusammengefaltet und eine Fliege erschlagen. Wo blieb er nur?

Wieder kam eine Fremde, sah sich suchend um. Aber die suchte weder Zucker noch Löskaffee.

Sie ging geradewegs auf die Mutter zu, lächelte und fragte: Dimitri ist nicht da?

Dimitri. Keiner von den Fremden nannte ihn beim Namen, auch die Leute aus dem Dorf hatten es aufgegeben, ihn mit seinem Namen anzureden, und sie selbst sprach fast nie mit ihm im Laden. Ganz sicher nicht vor dieser Fremden, vor Fremden überhaupt. Was hatte die ihn bei seinem Namen zu nennen? Die Fremde wartete.

Die Mutter hob langsam den Kopf.

Die Fremde hatte dunkelblondes langes Haar und große Augen. Sie trug einen Rock, das wenigstens, und eine weite Bluse.

Er ist nicht da, bestätigte die Mutter.

Die Fremde wartete, schaute noch erwartungsvoll, freundlich, ja zutraulich. Ihre hellen Augen waren durchsichtig wie Wasser, zeigten, daß sie wußte, wer die Frau war, daß sie um Verständnis bat, ja sogar um Sympathie.

Für den Bruchteil eines Herzschlags tat die Fremde der Mutter leid. Aber die Anwandlung von Schwäche ging vorbei.

Endlich verstand die Fremde.

Vorbereitungen < vorbereiten : das Hochzeitsfest muß vorbereitet werden □ **was...meinte :** was er wirklich sagen wollte

aufgeblickt : aufgesehen □ **zusammengefaltet :** ich falte den Brief zusammen, dann stecke ich ihn in einen Briefumschlag
sah...um : sah hierhin und dorthin ; suchte
Löskaffee : Kaffeepulver, das sich in heißem Wasser löst zB. Nescafé □ **geradewegs** = direkt

keiner : niemand □ **nannte** < nennen : sprach ihn mit seinem Namen an

überhaupt : allgemein ; generell ; schon gar nicht □ **die** (abwertend) : diese Fremde
hob den Kopf < heben : aufsehen ; aufblicken
dunkelblond ≠ hellblond
trug...Rock : hatte einen Rock an
Bluse f. (—, n) : *chemisier*
bestätigte : sagte, daß das Mädchen recht hatte
erwartungsvoll : voller Hoffnung ; auf etw Positives wartend
ja : sogar □ **zutraulich** ≠ scheu ; dieses Kind ist sehr zutraulich, es spricht auch mit Fremden □ **durchsichtig** = transparent ; klar
um...bat < um etw bitten : sie bittet die Frau, sie möge sie verstehen

für...Herzschlags : weniger als eine Sekunde lang
Anwandlung... : plötzlich auftretende und schnell vorübergehende...

Ihre Augen begannen zu schwimmen, sie senkte den Blick, drehte sich ungeheuer langsam um und ging hinaus, die Straße hinauf, die Dimitri gegangen war. Die Mutter fürchtete, er könnte gerade jetzt zurückkommen und die Fremde treffen, die zögernd einen Fuß vor den anderen setzte, als schleppe sie schwer an ihrem kurzen Mittagsschatten. Beeil dich, dachte die Mutter, beeil dich um Gottes willen.

Alle Arbeitsgeräusche hatten aufgehört, kein Surren, kein Klirren mehr, nur das Meer schwappte gegen die Felsen, hin und wieder rollte ein Stein unter den Füßen der Fremden. Ihre Schritte selbst waren fast unhörbar, auch als sie die Kurve oben erreichte, wo kein Staub war, sondern nackter Fels. Mit einemmal wurde die Mutter von einer Art Achtung für die Fremde erfaßt. Es lag an der Art, wie sie ging, dachte sie.

Als Dimitri zehn Minuten später zurückkam, fragte er, ob es irgend etwas gegeben habe. Das war neu. Nie hatte er gefragt, es war auch nie notwendig gewesen. Die Mutter schob das winzige Gefühl des Bedauerns weit von sich. Nichts war, sagte sie und bündelte die Scheine in der Kassa.

ihre...schwimmen: sie hatte Tränen in den Augen □ **senkte...Blick**: sah hinunter (≠ hob) □ **ungeheuer** (ugs): sehr; außerordentlich

fürchtete: hatte Angst
zögernd: langsam und unsicher
schleppe < schleppen: etwas sehr Schweres tragen; hinter sich herziehen □ **beeil dich**: geh schnell! □ **um Gottes willen**: *pour l'amour de Dieu*
Arbeitsgeräusche: Lärm, der beim Arbeiten gemacht wird
schwappte: schlug leise □ **Felsen**: sind aus Kalk oder Granit usw.
hin und wieder: ab und zu; dann und wann; von Zeit zu Zeit
unhörbar: man konnte sie nicht hören
Kurve: die Straße ist dort nicht gerade □ **erreichte**: zur Kurve kam
mit einemmal = plötzlich □ **wurde...erfaßt**: fühlte sie so etwas wie Respekt für das Mädchen □ **es...Art**: das kam davon, wie sie ging

ob...habe: ob etwas passiert sei
...notwendig: er hatte es nicht zu tun brauchen
winzig: ganz klein □ **des Bedauerns** < bedauern: leid tun; ich bedauere, daß ich nicht kommen kann □ **bündelte die Scheine**: packte die Geldscheine zu Bündeln (kleinen Paketen) zusammen □ **Kassa**: österr. und süddeutsch für "Kasse"

Grammaire au fil des nouvelles

Traduisez les phrases suivantes inspirées du texte (le premier chiffre renvoie à la page, les suivants aux lignes) :

On ne pouvait pas lui faire confiance (place de *nicht*, 20 - 22).

***Depuis* plus d'un an il ne disait plus *où* il allait** (directif, 22 - 31,32).

Cela *aurait été* un signe de faiblesse de le lui demander (22 - 32).

Parfois, *quand* ils fermaient une demi-heure *trop tôt* le soir, *et qu'*il venait encore des étrangers qui lui adressaient un regard interrogateur et même suppliant, il *faisait sauter* ses clés *tout en continuant* à marcher (*wenn* - non-reprise de la conjonction, faire + inf., emploi nominal du verbe, 24 - 8,9,10,11).

Deux étrangères *demandèrent du pain* (absence d'article, 24 - 14).

C'était la seule dispute *qu'*elle avait eue avec Dimitri ces dernières années, *quand* il proposa *de vendre* aussi du pain (subordonnée relative - *als* - proposition infinitive, 24 - 14,15,16,17).

Comme si* la route empierrée *n'était* pas assez bonne pour *celles-là (subjonctif après *als ob*, 24 - 21,22).

***Comme si* elle ne le *savait* pas** (subjonctif après *als ob*, 26 - 4).

Tout d'un coup la mère *fut saisie* d'une espèce d'estime pour l'étrangère (passif, 28 - 14,15).

Cela *devait être* sa *façon de* marcher, pensa-t-elle (28 - 15,16).

DER HAUSLEHRER

Ilse Aichinger (1921 geb.)

Ilse Aichinger wuchs in Wien und Linz auf.

Sie wurde katholisch erzogen, wußte aber daß die Großeltern mütterlicherseits jüdischer Religion waren.

Es gelang ihr, die Mutter vor der Deportation zu bewahren, nicht aber die geliebte Großmutter. Nach dem Krieg fühlte sie sich zerrissen und schuldig, allein deshalb, weil sie als Halbjüdin überlebt hatte. Sie studierte fünf Semester Medizin, bis 1948 ihr erster Roman "Die größere Hoffnung" erschien, der die Jahre der Judenverfolgung und des Krieges aus der Perspektive eines träumerischen Mädchens schildert.

Sie schrieb Hörspiele, Erzählungen und Gedichte. Die Sammlung "Rede unter dem Galgen" (1952-1953 unter dem Titel "Der Gefesselte" neu erschienen) enthält ihre bekanntesten eher traurigen Geschichten. Diese sind in einer realistischen Sprache geschrieben, ihr Inhalt geht jedoch über die alltägliche Wirklichkeit und empirisch faßbares Wissen hinaus. In späteren poetischen Erzählungen spart Ilse Aichinger den konkreten Bezug zur Realität immer mehr aus.

Vater und Mutter waren gegangen. Der Kleine hing über das Stiegengeländer und schaute ihnen nach. Er sah den hellen Hut seiner Mutter und den dunklen seines Vaters tief unten und noch tiefer — zuletzt sah er nichts mehr. Der Flur war grün wie die See. Man konnte denken, Vater und Mutter wären gesunken. Ihre Ermahnungen waren so eindringlich gewesen, als ließen sie ihn nicht nur für eine Stunde allein. Dem Kleinen schwirrte der Kopf : Die Kette vorlegen und niemandem öffnen, nur wenn der Hauslehrer kam — — — Er war lange krank gewesen, und da er noch schwach war, blieb er zu Hause und erhielt Unterricht. Sein Hauslehrer war ein Student, ein stiller, junger Mann, der ihn für gewöhnlich langweilte.

Der Kleine ging durch die leere Wohnung. Sie war still wie eine Muschel, die man ans Ohr hielt. Er öffnete die Tür zur Vorratskammer. Alle diese gefüllten Körbe und Gläser gehörten jetzt ihm : die Fracht eines fremden Schiffes — die weite Welt. Er nahm einen Apfel aus dem Korb, aber in diesem Augenblick läutete es. Er schlich hinaus. Vor der Tür hielt er den Atem an und zögerte. Dann legte er die Kette vor und öffnete die Tür um einen Spalt. Draußen stand der alte Bettler, den er schon kannte. » Ich habe nichts ! « sagte das Kind verlegen und gab ihm den Apfel, den es in der Hand hielt. Der Bettler nahm ihn, ohne zu danken. » Auf Wiedersehen ! « sagte der Kleine, aber er erhielt keine Antwort.

Er schloß die Tür und ging auf den Fußspitzen in sein Zimmer. Dort setzte er sich an den Tisch und saß ganz still. Er hatte sich darauf gefreut, allein zu sein, aber jetzt empfand er Furcht. Furcht vor dem Bettler und Furcht vor den leeren Räumen. Es erleichterte ihn, als er den Hauslehrer läuten hörte. Er lief hinaus und öffnete.

hing < hängen : beugte sich, lehnte sich über...
Stiegengeländer = Treppengeländer □ **schaute...nach** = sah nach

zuletzt : am Ende ≠ zuerst □ **Flur** : Korridor vor den Wohnungen in einem Haus
gesunken < sinken : untergehen □ **Ermahnungen** < ermahnen : sie haben das Kind ermahnt, brav zu sein □ **eindringlich** : intensiv
Stunde : eine Stunde hat 60 Minuten □ **schwirrte** : *bourdonnait*
...vorlegen : damit niemand hereinkommen kann □ **Hauslehrer** : Privatlehrer, der zum Schüler kommt
erhielt < erhalten : bekommen □ **Unterricht** < unterrichten : lehren
Student : er muß noch an der Universität studieren □ **stiller** : ruhiger, diskreter □ **für gewöhnlich** : meistens, fast immer

Muschel : am Meeresstrand findet man Muscheln
Vorratskammer < Vorrat (= Reserven) + Kammer (kleiner Raum)
Fracht : das, was Schiffe, Lastwagen usw. transportieren
Korb : zB. ich gehe mit einem Korb einkaufen
Augenblick : Moment □ **läutete** = klingelte □ **schlich** < schleichen ganz leise gehen □ **hielt...an** : *retint son souffle* □ **zögerte** : überlegte
öffnete...Spalt : machte nur ein wenig auf
Bettler < betteln : manche armen Leute müßen betteln wenn sie gar nichts mehr haben □ **verlegen** : manche Leute werden rot, wenn sie verlegen sind

schloß < schließen : zumachen □ **Fußspitzen** : im klassischen Ballet tanzt man auf den Fußspitzen
darauf gefreut < sich auf etw freuen
empfand (< empfinden) **er Furcht** : fühlte er Angst
leere ≠ volle □ **Räume** : Zimmer □ **erleichterte** : er war erleichtert, er war froh

»Du solltest durch das Guckloch schauen!« sagte der Hauslehrer.

»Ich erreiche es nicht!« erwiderte das Kind. Es sah an dem jungen Mann hinauf, der sich vor dem Spiegel über das Haar strich und einen Augenblick innehielt, als lauschte er.

Sie rückten den Tisch ans Fenster und begannen zu lesen. »Es — ist — Herbst —«, las der Kleine stockend, »die Vögel fliegen nach dem Süden.« Er hob den Kopf und sah hinaus.

»Wo fliegen sie?« fragte er.

»Lies weiter!« sagte der Hauslehrer ungeduldig. Und dann, als hätte er sich besser besonnen: »Sie sind schon über dem Meer!«

Der Kleine las weiter. Von Blättern, die fielen, und von Früchten, die in großen Gärten geerntet wurden. Von dem bunten Weinlaub und von der Sonne, die früher unterging.

»Wo?« fragte er. »Wo geht sie unter?«

»Drüben!« sagte der Hauslehrer unbestimmt.

Sie lasen jetzt vom Himmel und von den weißen Wolken, die der Wind darübertreibt.

»Wo?« rief der Kleine wieder. Aber er bekam keine Antwort. Er hob den Kopf und sah, daß der Hauslehrer still saß und auf seine Knie schaute. »Wo treibt der Wind die Wolken?« rief er dringender. Der Himmel vor dem offenen Fenster war wolkenlos und fast durchscheinend. Es war kurz vor Einbruch der Dämmerung.

»Hörst du etwas?« fragte der Hauslehrer, ohne den Kopf zu heben.

»Hören?« sagte der Kleine. »Nein, ich höre nichts!«

Guckloch: kleines Loch in der Tür; man kann durchgucken und sehen, wer draußen ist
erreiche: komme nicht bis hinauf (bin zu klein) □ **erwiderte:** antwortete □ **Spiegel:** im Spiegel sieht man sich selbst
strich < streichen: leicht mit der Hand über etw fahren □ **innehielt** < innehalten: plötzlich aufhören, stillhalten
rückten: stellten
Herbst: im Oktober ist schon Herbst □ **stockend:** langsam zögernd ≠ schnell, fließend □ **hob** (< heben) **den Kopf:** sah vom Buch auf

ungeduldig: er will nicht eine Sekunde warten, so ungeduldig ist er
besser besonnen (< sich besinnen): als hätte er es sich anders überlegt
fielen < fallen: im Herbst fallen die Blätter von den Bäumen
Früchte < Frucht: der Apfel ist die Frucht des Apfelbaumes
bunt: mit vielen Farben; die Blätter werden gelb und rot

drüben: auf der anderen Seite □ **unbestimmt:** vage

darübertreibt: über den Himmel jagt

saß < sitzen □ **Knie:** *genou*
rief (< rufen) □ **dringender:** lauter, insistierender

vor Einbruch der Dämmerung: kurz bevor es Abend und dunkel wurde

» Still ! « sagte der Hauslehrer. » Wenn du ganz still bist, hörst du sie ! «

» Wen ? « fragte das Kind.

» Horch ! « rief der Hauslehrer.

» Wen soll ich hören ? « fragte der Kleine noch einmal.

» Diese Stimme «, sagte der junge Mann, » diese Stimme ! «

Der Kleine ließ das Blättern. Er senkte den Kopf und legte die Hände hinter die Ohren, aber er hörte nichts als das leichte Brausen, das von tief unten kam und die ganze Wohnung in eine Muschel verzaubert hatte.

» Rauschen ? « sagte das Kind.

» Nein «, antwortete der Hauslehrer. » Schreien ! «

Der Kleine begann zu lachen. Er sprang auf und klatschte in die Hände.

» Ist es ein Spiel ? « rief er.

» Lies weiter ! « sagte der Hauslehrer.

Aber kaum hatten sie von den Nebeln und von den langen Schatten zu lesen begonnen, als er aufsprang und die Tür ins Nebenzimmer aufriß, als wollte er jemanden überraschen.

Er ging von da durch den Salon in das Schlafzimmer der Eltern, durchquerte das Vorzimmer und kam wieder zurück. Der Kleine sah ihm erstaunt entgegen.

» Es ist jemand in der Wohnung ! « sagte der Hauslehrer. Er erkundigte sich, ob vor ihm schon jemand hier gewesen sei.

» Ja «, antwortete das Kind, » ein Bettler. «

» Hast du die Kette vorgelegt ? «

» Ja ! «

Der Hauslehrer fiel in Schweigen.

» Soll ich weiterlesen ? «

wen : ac. de ‘wer’
horch < horchen = lauschen, sich auf das Hören konzentrieren

Stimme : zB. er spricht immer leise, er hat eine leise Stimme

ließ das Blättern : hörte auf, im Buch zu blättern □ **senkte** ≠ hob
legte...Ohren : um besser zu hören □ **nichts als :** nur
Brausen : der Wind braust
verzaubert : eine Fee hat die Kinder in Vögel verzaubert
rauschen : das Meer, die Bäume, das Wasser usw rauschen

sprang auf < aufspringen : plötzlich und rasch aufstehen □ **klatschte... :** wie beim Applaudieren

Nebel : bei Nebel sieht man fast nichts, für Autofahrer gefährlich
lange Schatten : die Sonne steht im Herbst tief, deshalb werden die Schatten länger □ **aufriß** < aufreißen : schnell und vehement öffnen □ **überraschen :** *surprendre*

durchquerte : ging durch
erstaunt : verwundert

erkundigte sich : fragte

fiel in Schweigen : begann zu schweigen, sagte nichts mehr

» Horch ! «

» Spielen wir ? « lächelte der Kleine unsicher.

Der junge Mann sah ihm nachdenklich ins Gesicht.

» Ja ! « sagte er nach einer Weile. » Spielen wir, es wäre jemand in der Wohnung ! «

» Und wer ? « rief der Kleine freudig.

» Einer «, sagte der Hauslehrer, » den wir fürchten. «

» Der Bettler ? «

» Ja, der Bettler ! Wir wollen ihn suchen gehen. «

Als der Hauslehrer die Hand in die seine legte, fühlte der Kleine, daß sie kalt und feucht von Schweiß war. Sie gingen auf den Fußspitzen, öffneten leise die Türen und sahen in alle Ecken. Das Licht draußen ließ nach, und in den Zimmern begann es schon zu dunkeln. Nur noch die Rahmen der Bilder glänzten von den Wänden. Im Salon hielt der junge Mann inne, ließ die Hand des Kleinen fallen und legte den Finger an den Mund.

» Wo ist er ? « rief der Kleine. Seine Wangen glühten vor Eifer.

» Hörst du ihn nicht ? « flüsterte der Hauslehrer.

» Wo ? «

» Nebenan ! «

» Was sagt er ? «

» Er droht ! «

Der Kleine stürzte hinaus, riß den Mantel seines Vaters vom Kleiderständer und schrie : » Ich habe ihn, ich habe ihn ! «

Dann schlüpfte er in den Mantel und schleifte ihn hinter sich her.

Der Hauslehrer kam aus dem Salon. Er kam ganz langsam mit kleinen furchtsamen Schritten auf den Kleinen zu.

unsicher : weil er nicht weiß, was der Lehrer will
nachdenklich : *pensif*
nach einer Weile : nach einiger Zeit

freudig : froh, voller Freude
einer : jemand □ **den wir fürchten :** vor dem wir Angst haben

feucht ≠ trocken □ **Schweiß :** zB. es ist so heiß, mein Pullover ist naß vor Schweiß
ließ nach : wurde schwächer

Rahmen : Bilder hängen in einem Rahmen an der Wand □ **glänzten :** < glänzen : Gold glänzt

Wangen : zB. sie küßt das Kind auf beide Wangen □ **glühten :** waren ganz rot und heiß □ **Eifer :** er spielt mit Enthusiasmus
flüsterte ≠ schrie

nebenan : im Zimmer daneben

droht : will uns Angst machen, uns etwas Böses tun
stürzte hinaus : rannte hinaus □ **riß** < reißen : brutal ziehen, nehmen □ **Kleiderständer :** kleines Möbel, an dem man Mäntel, Westen, Jacken usw aufhängen kann
schlüpfte... : zog ihn an □ **schleifte** < schleifen : am Boden hinter sich herziehen

furchtsam : ängstlich □ **Schritte :** das Kind ist noch klein, es kann nur in kleinen Schritten gehen

» Wir haben ihn ! « rief der noch einmal. » Wir haben ihn ! «

» Ach «, sagte der Hauslehrer langsam, » du bist es ! «

Sie standen vor dem großen Spiegel, und der Kleine sah, wie das Spiegelbild des anderen die Faust gegen ihn erhob. In dem fallenden Dunkel sah er diese geballte Faust und das blasse verzerrte Gesicht. Er sprang und lachte laut. So lustig war der Hauslehrer noch nie gewesen ! In diesem Augenblick hörte er die Schlüssel im Schloß gehen und erkannte die Gesichter seiner Eltern hinter sich. Und er hörte seine Mutter schreien.

Aber noch als der Hauslehrer, von drei Männern gebändigt, erschöpft, mit Schaum vor dem Mund in den Rettungswagen geladen wurde, suchte der Kleine ihnen in die Arme zu fallen.

» Aber wir wollten doch nur spielen ! «

Und sooft seine Eltern später sagten : » Wenn wir damals nicht rechtzeitig gekommen wären — «, fiel er ihnen zornig ins Wort : » Wir wollten doch nur spielen ! «

Und er mißtraute den Erwachsenen.

der = dieser (der kleine Junge)

Faust: zB. der Boxer boxt mit seinen zwei Fäusten

verzerrte Gesicht: das Gesicht ist zu einer Grimasse verzerrt

Schlüssel: man kann damit ein Schloß öffnen
erkannte: sah, daß es sein Vater und seine Mutter waren

gebändigt: festgehalten, immobilisiert □ **erschöpft**: ganz müde
Rettungswagen: Krankenwagen □ **suchte...fallen**: er versuchte die Männer daran zu hindern, den Hauslehrer mitzunehmen

sooft = jedesmal wenn
rechtzeitig: noch im richtigen Moment □ **fiel** (< fallen) **ins Wort** = unterbrach sie
mißtraute: glaubte ihnen nicht □ **Erwachsene** ≠ Kinder

Grammaire au fil des nouvelles

Traduisez les phrases suivantes inspirées du texte (le premier chiffre renvoie à la page, les suivants aux lignes) :

On pouvait penser que père et mère avaient sombré (subj. II pour exprimer l'hypothèse, 32 - 5,6).

Il *prit* une pomme *dans* le panier (32 - 18).

Dehors se tenait le vieux mendiant *qu'il* connaissait déjà (relative, 32 - 22).

Mais il ne reçut *pas de réponse* (négation d'un indéfini, 34 - 23,24).

***Qui* suis-je censé entendre ?** (acc. de *wer*, 36 - 5).

Le petit cessa de *feuilleter* (emploi nominal du verbe, 36 - 8).

Il demanda si quelqu'un *était* déjà venu avant lui (subj. I pour discours indirect, 36 - 26).

Ses joues étaient rouges *d'enthousiasme* (38 - 18).

Ils se tenaient devant le grand miroir et le petit *vit* le reflet de l'autre *lever* le poing contre lui (*wie* après les verbes de perception, 40 - 4,5).

Si alors nous n'étions pas arrivés à temps... (subj. II dans la subord. conditionnelle - place de *nicht*, 40 - 17,18).

IST ES EINE KOMÖDIE?
IST ES EINE TRAGÖDIE?

Thomas Bernhard (1931 geb.)

Thomas Bernhard, in Holland als unerwünschtes uneheliches Kind österreichischer Eltern geboren, wuchs in Wien und Salzburg auf.

1949 erkrankte er an Lungentuberkulose. Während der zwei Jahre dauernden Aufenhalte in Krankenhaüsern begann er zu schreiben. Von 1952 bis 1957 studierte er Musik und Schauspielkunst, gleichzeitig schrieb er Gerichtsreportagen für eine Tageszeitung. Er lebt seit 1965 in Oberösterreich.

Das umfangreiche Werk dieses Meisters der Prosa hat Tod, Einsamkeit, Theater und Kritik an Österreich zum Inhalt. Oft sind darin Selbstironie, Sarkasmus und schwarzer Humor zu finden.

Leichter zugänglich als die Romane sind Erzählungen aus "Amras und andere Erzählungen" (1967-1971) und die autobiographischen Bücher, insbesondere "Ein Kind" (1982, dtv).

Seine manchmal von Skandalen umgebenen Theaterstücke (wie "Heldenplatz" 1988) werden jetzt auch am Wiener Burgtheater aufgeführt. Dieses Theater, das als Nationaltheater in Österreich einen großen Symbolwert besitzt, steht, ohne daß sein Name genannt wird, im Mittelpunkt der folgenden Erzählung von 1967.

Nachdem ich wochenlang nicht mehr in das Theater gegangen bin, habe ich gestern in das Theater gehen wollen, aber schon zwei Stunden vor Beginn der Vorstellung habe ich, noch während meiner wissenschaftlichen Arbeit und also in meinem Zimmer, mir ist nicht ganz klar geworden, im Vorder- oder Hintergrund des Medizinischen, das ich endlich zum Abschluß bringen muß, weniger meinen Eltern als meinem überanstrengten Kopf zuliebe, gedacht, ob ich nicht doch auf den Theaterbesuch verzichten soll.

Ich bin acht oder zehn Wochen nicht mehr ins Theater gegangen, sagte ich mir, und ich weiß, warum ich nicht mehr ins Theater gegangen bin, ich verachte das Theater, ich hasse die Schauspieler, das Theater ist eine einzige perfide Ungezogenheit, eine ungezogene Perfidie, und plötzlich soll ich wieder ins Theater gehen? In ein Schauspiel? Was heißt das?

Du weißt, daß das Theater eine Schweinerei ist, habe ich mir gesagt, und du wirst deine Studie über das Theater, die du im Kopf hast, schreiben, diese Theaterstudie, die dem Theater ein für allemal ins Gesicht schlägt! Was das Theater *ist*, was die Schauspieler *sind*, die Stückeschreiber, die Intendanten usf...

Mehr und mehr war ich vom Theater beherrscht, immer weniger von der Pathologie, gescheitert in dem Versuch, das Theater zu ignorieren, die Pathologie zu forcieren. Gescheitert! Gescheitert!

Ich zog mich an und ging auf die Straße.

Zum Theater habe ich nur eine halbe Stunde zu gehen. In dieser halben Stunde ist mir klar geworden, daß ich nicht ins Theater gehen *kann*, daß sich mir der Besuch eines Theaters, einer Theatervorstellung ein für allemal verbietet.

wochenlang : seit vielen Wochen

vor...Vorstellung : bevor das Theaterstück anfängt

wissenschaftlich : *scientifique*

im...Hintergrund : vor oder hinter dem Medizinischen

zum...bringen : fertig machen

überanstrengt : er ist von der vielen Arbeit erschöpft □ **zuliebe :** für

verzichten (auf etw...) : etw nicht nehmen oder machen

verachte ≠ bewundere, schätze, respektiere

hasse ≠ liebe □ **Schauspieler :** sie spielen im Theater

Ungezogenheit < ungezogen : ohne gute Manieren

Schauspiel = Theaterstück

Schweinerei : *cochonnerie*

ein für allemal : endgültig, definitiv

Intendant : Theaterdirektor □ **usf** = und so fort (= usw)

beherrscht : gefangen genommen, konnte an nichts anderes denken

gescheitert... : es ist mir nicht gelungen

zog...an < sich anziehen

habe...zu gehen : brauche ich nur...zu Fuß

ist mir klar geworden < werden ; habe ich eingesehen, verstanden

...verbietet : für mich verboten ist

Wenn du deine Theaterstudie geschrieben hast, dachte ich, dann ist es Zeit, dann ist es dir wieder erlaubt, ins Theater zu gehen, damit du siehst, daß dein Traktat *stimmt!*

Mir war nur peinlich, daß es überhaupt soweit hat kommen können, daß ich mir eine Theaterkarte gekauft habe — ich habe die Theaterkarte *gekauft*, nicht *geschenkt* bekommen — und daß ich mich zwei Tage lang in dem Glauben malträtiert habe, ins Theater zu gehen, mir eine Theatervorstellung anzuschauen, Schauspieler, und hinter allen diesen Schauspielern einen miserablen und stinkenden Regisseur (Herrn T.H. !) zu wittern usf... vor allem aber, daß ich mich für das Theater *umgezogen* hatte. Für das Theater hast du dich *umgezogen*, dachte ich.

Die Theaterstudie, eines Tages die Theaterstudie ! Man beschreibt gut, was man haßt, dachte ich. In fünf, möglicherweise sieben Abschnitten unter dem Titel THEATER — THEATER ? ist meine Studie in kurzer Zeit fertig. (Ist sie fertig, verbrennst du sie, weil es sinnlos ist, sie zu veröffentlichen, du liest sie durch und verbrennst sie. Veröffentlichung ist lächerlich, *verfehlter Zweck!*) Erster Abschnitt DIE SCHAUSPIELER, zweiter Abschnitt DIE SCHAUSPIELER IN DEN SCHAUSPIELERN, dritter Abschnitt DIE SCHAUSPIELER IN DEN SCHAUSPIELERN DER SCHAUSPIELER usf... vierter Abschnitt BÜHNENEXZESSE usf... letzter Abschnitt : ALSO, WAS IST DAS THEATER ?

In diesen Gedanken bin ich bis in den Volksgarten gekommen.

Ich setze mich auf die Bank neben der Meierei, obwohl sich in dieser Jahreszeit auf eine Volksgartenbank zu setzen *tödlich* sein kann, und beobachte, angestrengt, mit Vergnü-

dachte < denken
ist...erlaubt: dann darfst du...
Traktat: Studie, Artikel
stimmt: richtig ist
peinlich: sehr unangenehm □ **soweit...können**: daß ich es dazu kommen ließ, nicht sofort sah, daß das falsch war
geschenkt bekommen: man hat sie mir geschenkt

malträtiert: gequält
anzuschauen: anzusehen
miserablen: sehr schlechten □ **stinkenden** ≠ duftenden
wittern: der Hund wittert den Hasen
umgezogen < sich umziehen, sich etw anderes anziehen

möglicherweise: vielleicht, eventuell □ **Abschnitten** = Kapiteln

verbrennst: wirfst sie in die Flammen □ **sinnlos**: es hat keinen Sinn
veröffentlichen: publizieren □ **...durch**: liest schnell
lächerlich: nicht ernstzunehmen, stupid □ **verfehlter Zweck** < einen Zweck verfehlen: das Ziel nicht treffen

Bühne: die Schauspieler spielen auf einer Bühne

Volksgarten: Park in Wien, beim Burgtheater, dem österreichischen Nationaltheater (so ähnlich wie die Comédie Française)
Meierei: Café in diesem Park

tödlich: kann zum Tod führen □ **angestrengt**: sehr aufmerksam

gen, ungeheuer konzentriert, *wer und wie* man in das Theater hineingeht.

Es befriedigt mich, *nicht* hineinzugehen.

Du solltest aber, denke ich, hingehn und mit Rücksicht auf deine Armut, deine Karte verkaufen, *geh hin*, sage ich mir, und während ich das denke, habe ich den größten Genuß daran, meine Theaterkarte zwischen Daumen und Zeigefinger der rechten Hand zu zerreiben, das Theater zu zerreiben.

Zuerst sind es, sage ich mir, immer mehr Menschen, die in das Theater hineingehen, dann immer weniger. Schließlich geht niemand mehr in das Theater hinein.

Die Vorstellung hat angefangen, denke ich, und ich stehe auf und gehe ein Stück in Richtung Innere Stadt, mich friert, ich habe nichts gegessen und, fällt mir ein, über eine Woche lang mit keinem Menschen mehr gesprochen, als ich plötzlich angesprochen bin : ein Mann hat mich angesprochen, ich höre, daß mich der Mann fragt, wie spät es sei, und ich höre mich » Acht Uhr « rufen. » Es ist acht Uhr «, sage ich, » das Theater hat angefangen. «

Jetzt drehe ich mich um und sehe den Mann.

Der Mann ist groß und mager.

Außer diesem Mann ist niemand im Volksgarten, denke ich.

Sofort denke ich, daß ich nichts zu verlieren habe.

Aber den Satz: *» Ich habe nichts zu verlieren! «* auszusprechen, *laut* auszusprechen, erscheint mir unsinnig, und ich spreche den Satz nicht aus, obwohl ich die größte Lust habe, den Satz auszusprechen.

Er habe seine Uhr verloren, sagte der Mann.

» Seit ich meine Uhr verloren habe, bin ich gezwungen, von Zeit zu Zeit Menschen anzusprechen. «

ungeheuer: sehr stark, außerordentlich

es...mich: ich fühle mich zufrieden
mit Rücksicht auf deine Armut: daran denkend, daß du kein Geld hast
habe...daran: das...Vergnügen..., ich genieße es
Daumen: dickster und kürzester Finger
rechten ≠ linken □ **zerreiben**: etw hin— und herrollen bis es zerfällt, nichts mehr davon da ist

schließlich: zuletzt

in Richtung: auf...zu, gegen □ **Innere Stadt**: Zentrum von Wien
mich friert: mir ist kalt □ **fällt mir ein**: erinnere ich mich
...Woche: mehr als, länger als seine Woche
angesprochen < jn (Fremden) ansprechen, plötzlich sprach ihn ein Mann, den er nicht kannte, an

drehe...um < sich umdrehen, nach hinten sehen
groß ≠ klein □ **mager** ≠ dick
außer...: er ist der einzige

auszusprechen: wirklich zu sagen □ **unsinnig**: absurd
ich...habe: es sehr gerne tun möchte

verloren < verlieren
bin ich gezwungen: muß ich, kann ich nicht anders als...
von Zeit zu Zeit: manchmal, hin und wieder, dann und wann

Er lachte.

» Hätte ich nicht meine Uhr verloren, hätte ich Sie nicht angesprochen «, sagte er, » *niemanden* angesprochen. «

Ihm sei die Beobachtung an sich selber höchst interessant, sagte der Mann, daß er, wie er, nachdem ich ihm gesagt hatte, daß es acht Uhr ist, jetzt weiß, daß es acht Uhr *ist* und daß er am heutigen Tag elf Stunden ununterbrochen — » ohne Unterbrechung «, sagte er — in einem einzigen Gedanken gegangen sei, » nicht auf und ab «, sagte er, sondern » immer geradeaus, und wie ich jetzt sehe «, sagte er, » doch immer im Kreis. Verrückt, nicht wahr? «

Ich sah, daß der Mann Frauenhalbschuhe anhatte, und der Mann sah, daß ich gesehen hatte, daß er Frauenhalbschuhe anhatte.

» Ja «, sagte er, » jetzt mögen Sie sich Gedanken machen. «

» Ich habe «, sagte ich rasch, um den Mann und mich von seinen Frauenhalbschuhen abzulenken, » einen Theaterbesuch machen wollen, aber unmittelbar vor dem Theater habe ich kehrtgemacht und bin nicht in das Theater hineingegangen. «

» Ich bin sehr oft in diesem Theater gewesen «, sagte der Mann, er hatte sich vorgestellt, ich hatte aber seinen Namen sofort vergessen, ich merke mir Namen nicht, » eines Tages zum letzten Mal, wie jeder Mensch eines Tages zum letzten Mal in ein Theater geht, lachen Sie nicht ! « sagte der Mann, » alles ist einmal zum letzten Mal, lachen Sie nicht ! «

» Ach «, sagte er, » was wird denn heute gespielt? Neinnein «, sagte er rasch, » sagen Sie mir nicht, was heute gespielt wird... «

Er ginge jeden Tag in den Volksgarten, sagte der Mann, » seit Saisonbeginn gehe ich immer um diese Zeit in den

hätte...: wenn ich...hätte

höchst: sehr, außerordentlich

ununterbrochen: ohne aufzuhören, ohne eine Pause zu machen
einzigen...: hatte nur allein diesen Gedanken
auf und ab: hin und her
geradeaus: in einer geraden Linie gehen, ohne die Richtung zu ändern □ **Kreis**: geometrische Form; der Kreis ist rund
Frauenhalbschuhe < Halbschuhe ≠ hohe Schuhe □ **anhatte** < anhaben: Kleider, Schuhe usw. tragen

mögen...machen: sich vielleicht Fragen stellen, zu verstehen suchen

rasch = sehr schnell
abzulenken < jn von etw ablenken: etw tun, damit er an etw anderes denkt □ **unmittelbar...**: direkt...
kehrtgemacht: bin ich umgekehrt, wieder weggegangen

zum letzten Mal ≠ zum ersten Mal

neinnein = nein, nein

ginge < gehen (subj. II)
um diese Zeit: zu dieser Uhrzeit (um 8 Uhr)

Volksgarten, um hier, von dieser Ecke aus, von der Meiereimauer aus, sehen Sie, die Theaterbesucher beobachten zu können. Merkwürdige Leute«, sagte er.

»Freilich, man müßte wissen, was heute gespielt wird«, sagte er, »aber sagen *Sie* mir nicht, was heute gespielt wird. Für mich ist das äußerst interessant, einmal *nicht* zu wissen, was gespielt wird. Ist es eine Komödie? Ist es eine Tragödie?« fragte er und sagte sofort: »Neinnein, sagen Sie nicht, *was es ist*. Sagen Sie es nicht!«

Der Mann ist fünfzig, oder er ist fünfundfünfzig, denke ich.

Er machte den Vorschlag, in Richtung zum Parlament zu gehen.

»Gehen wir bis vor das Parlament«, sagte er, »und wieder zurück. Merkwürdig still ist es immer, wenn die Vorstellung angefangen hat. *Ich liebe* dieses Theater...«

Er ging sehr rasch, und es war mir fast unerträglich, ihm dabei zuzuschauen, der Gedanke, daß der Mann Frauenhalbschuhe anhat, verursachte mir Übelkeit.

»Hier gehe ich jeden Tag die gleiche Anzahl von Schritten, das heißt«, sagte er, »mit diesen Schuhen gehe ich von der Meierei bis zum Parlament, bis zum Gartenzaun, genau dreihundertachtundzwanzig Schritte. In den *Spangen*schuhen gehe ich dreihundertzehn. Und zum Schweizertrakt — er meinte den Schweizertrakt der Hofburg — gehe ich genau vierhundertvierzehn Schritte mit *diesen* Schuhen, dreihundertneunundzwanzig mit den *Spangen*schuhen! Frauenschuhe, mögen Sie denken und es mag Ihnen widerwärtig sein, ich weiß«, sagte der Mann.

»Aber ich gehe auch nur in der Dunkelheit auf die Straße. Daß ich jeden Abend um diese Zeit, immer eine halbe Stunde vor Vorstellungsbeginn, in den Volksgarten

von...aus: von dieser Stelle
beobachten: genau zusehen, zuschauen, was sie machen

freilich: allerdings

äußerst: sehr, höchst, außerordentlich, ungeheuer

Vorschlag < vorschlagen: er schlägt vor, zum Parlament zu gehen

merkwürdig: seltsam, eigenartig □ **still:** ganz ruhig ≠ laut

unerträglich: so unangenehm, daß man es nicht ertragen kann

...verursachte...Übelkeit: mir wurde schlecht, wenn ich daran dachte □ **Anzahl** = Zahl
Schritten (dat. pl-sg. Schritt): der Mann zählt seine Schritte

Gartenzaun: der Zaun grenzt einen Garten ein
Spangenschuhe: *chaussures à bride*
Schweizertrakt: ein Teil der Hofburg, die sehr groß ist und aus vielen verschiedenen Trakten besteht. Dort residierten die Kaiser (zB. Die Habsburger)
mögen Sie denken: denken Sie vielleicht
wiederwärtig: abstoßend
in der Dunkelheit: wenn es dunkel ist ≠ bei Licht

gehe, beruht, wie Sie sich denken können, auf einer Erschütterung. Diese Erschütterung liegt jetzt schon zweiundzwanzig Jahre zurück. Und sie hängt ganz eng mit den Frauenhalbschuhen zusammen. Zwischenfall «, sagt er, » ein Zwischenfall. Es ist ganz die Stimmung von damals: der gerade aufgegangene Vorhang im Theater, die Schauspieler fangen zu spielen an, die Menschenleere heraußen... Gehen wir jetzt «, sagt der Mann, nachdem wir wieder bei der Meierei sind, » zum Schweizertrakt. «

Ein Verrückter ? dachte ich, wie wir zum Schweizertrakt gingen, nebeneinander, der Mann sagte : » Die Welt ist eine ganz und gar, durch und durch juristische, wie Sie vielleicht nicht wissen. Die Welt ist eine einzige ungeheuere Jurisprudenz. Die Welt ist ein Zuchthaus ! «

Er sagte : » Es ist genau achtundvierzig Tage her, daß ich hier im Volksgarten um diese Zeit zum letzten Mal einen Menschen getroffen habe. Auch *diesen* Menschen habe ich gefragt, wie spät es ist. Auch dieser Mensch hat mir gesagt, daß es acht Uhr ist. Merkwürdigerweise frage ich immer um acht Uhr, wie spät es ist. Auch dieser Mensch ist mit mir bis vor das Parlament gegangen und bis vor den Schweizertrakt. Übrigens «, sagte der Mann, » habe ich, das ist die Wahrheit, meine Uhr nicht verloren, ich verliere meine Uhr nicht. Hier, sehen Sie, ist meine Uhr «, sagte er und hielt mir sein Handgelenk vors Gesicht, so daß ich seine Uhr sehen konnte.

» Ein Trick ! « sagte er, » aber weiter : dieser Mensch, den ich vor achtundvierzig Tagen angetroffen habe, war ein Mensch Ihres Alters. Wie Sie, schweigsam, wie Sie, zuerst *un*schlüssig, dann entschlossen, mit mir zu gehn. Ein Naturwissenschaftsstudent «, sagte der Mann. » Auch *ihm* habe ich gesagt, daß eine Erschütterung, ein Zwischenfall,

beruht auf...: hat seinen Grund in...
Erschütterung: Schock □ **liegt...zurück**: passierte vor...
hängt...zusammen: hat mit...zu tun
Zwischenfall: incident
Stimmung: Atmosphäre
gerade...Vorhang: der Vorhang hat sich eben geöffnet
Menschenleere: es sind keine Menschen vor... □ **heraußen**: (süddt) hier draußen

Verrückter = Narr (verrückt ≠ normal)
nebeneinander: einer neben dem anderen
ganz und gar: total
ungeheuere: ungeheuer große, riesige
Zuchthaus: Gefängnis
es...her: seit..., liegt...zurück

getroffen < treffen: begegnen

merkwürdigerweise: es ist merkwürdig, daß

Wahrheit ≠ Lüge

Handgelenk: eine Uhr trägt man am Handgelenk

Trick m(s,s): Finte

Ihres Alters: ungefähr so alt wie Sie □ **schweigsam**: spricht nicht viel □ **unschlüssig**: zögert, weiß noch nicht was er will ≠ entschlossen □ **Naturwissenschaft**: zB. Physik, Chemie usw.

der lange Zeit zurückliegt, die Ursache dafür ist, daß ich mich jeden Abend hier im Volksgarten aufhalte. In Frauenhalbschuhen. Reaktionsgleichheit«, sagte der Mann, und:

»Übrigens habe ich da noch niemals einen Polizisten gesehen. Seit mehreren Tagen meidet die Polizei den Volksgarten und konzentriert sich auf den Stadtpark, und ich weiß, warum...«

»Nun wäre es tatsächlich interessant«, sagte er, »zu wissen, ob in dem Augenblick, in welchem wir auf den Schweizertrakt zugehen, im Theater eine Komödie oder eine Tragödie gespielt wird... Das ist das erste Mal, daß ich nicht weiß, was gespielt wird. Aber *Sie* dürfen es mir nicht sagen... Nein, sagen Sie es nicht! Es müßte nicht schwer sein«, sagte er, »indem ich *Sie* studiere, mich ganz auf *Sie* konzentriere, mich ausschließlich nur *mit Ihnen* beschäftige, darauf zu kommen, ob in dem Theater augenblicklich eine Komödie oder eine Tragödie gespielt wird. Ja«, sagte er, »nach und nach würde mir das Studium Ihrer Person über alles, was in dem Theater vorgeht und über alles, was außerhalb des Theaters vorgeht, über alles in der Welt, das doch jederzeit vollkommen mit Ihnen zusammenhängt, Aufschluß geben. Schließlich könnte einmal tatsächlich der Zeitpunkt eintreten, in welchem ich dadurch, daß ich Sie auf das intensivste studiere, alles über Sie weiß...«

Als wir vor der Mauer des Schweizertraktes angekommen waren, sagte er: »Hier, an dieser Stelle, hat sich der junge Mann, den ich vor achtundvierzig Tagen getroffen habe, von mir verabschiedet. *Auf welche Weise* wollen Sie wissen? Vorsicht! Ah!«, sagte er, »*Sie* verabschieden sich also nicht? Sie sagen *nicht* Gute Nacht? Ja«, sagte er, »dann gehen wir vom Schweizertrakt wieder zurück,

Ursache...ist : Grund...ist
im...aufhalte : im...bin
Reaktionsgleichheit : identische Reaktion

übrigens : *d'ailleurs*

Stadtpark : Park in Wien

tatsächlich : wirklich

müßte : subj. II
indem...studiere : wenn...studiere
ausschließlich : mit nichts außer...
darauf zu kommen : herauszufinden, zu erraten

nach und nach : langsam, allmählich
vorgeht : passiert

jederzeit : immer, zu jedem Zeitpunkt
Aufschluß geben : erklären, zeigen
...eintreten : der Moment kommen □ **dadurch :** *du fait*
auf das intensivste : höchst intensiv, so intensiv wie nur möglich

an...Stelle : genau hier

verabschiedet ≠ begrüßt □ **auf welche Weise :** wie
Vorsicht : Achtung

dorthin, von wo wir gekommen sind. Wo sind wir denn hergekommen? Achja, von der Meierei. Das Merkwürdige an den Menschen ist, daß sie sich selber andauernd mit anderen Menschen verwechseln. Also«, sagte er, »Sie haben die heutige Vorstellung besuchen wollen. Obwohl Sie, wie Sie sagen, das Theater hassen. Das Theater *hassen*? Ich *liebe* es...«

Jetzt fiel mir auf, daß der Mann auch einen Frauenhut auf dem Kopf hatte, die ganze Zeit hatte ich das nicht bemerkt.

Auch der Mantel, den er anhatte, war ein Frauenmantel, ein Frauenwintermantel.

Er hat tatsächlich lauter Frauenkleider an, dachte ich.

»Im Sommer«, sagte er, »gehe ich nicht in den Volksgarten, da wird auch kein Theater gespielt, aber immer, *wenn* im Theater gespielt wird, gehe ich in den Volksgarten, dann, wenn Theater gespielt wird, geht außer mir niemand mehr in den Volksgarten, weil der Volksgarten dann viel zu kalt ist. Vereinzelt kommen junge Männer in den Volksgarten herein, die ich, wie Sie wissen, sofort anspreche und auffordere, mitzugehn, einmal vor das Parlament, einmal vor den Schweizertrakt... und vom Schweizertrakt und von der Meierei immer wieder zurück... Aber kein Mensch ist bis jetzt mit mir, und das fällt mir auf«, sagte er, »*zweimal* bis vor das Parlament gegangen und *zweimal* bis zum Schweizertrakt und also *viermal* zur Meierei zurück. Jetzt sind wir *zweimal* zum Parlament und *zweimal* zum Schweizertrakt und wieder zurück gegangen«, sagte er, »das genügt. Wenn Sie wollen«, sagte er, »begleiten Sie mich ein Stück nach Hause. Noch nie hat mich auch nur ein einziger Mensch von hier ein Stück nach Hause begleitet.«

dorthin: an die Stelle, an den Ort

andauernd: immer, ständig, ununterbrochen □ **selber** = selbst
verwechseln: für etw anderes, jn anderen halten
die...besuchen: in die Vorstellung von heute gehen wollen

fiel mir auf: sah ich plötzlich, bemerkte ich

lauter: nichts als, nur

vereinzelt: von Zeit zu Zeit einer allein

auffordere: einlade

das genügt: ist genug
begleiten...: kommen Sie ein Stück (einen Teil des Weges) mit mir

Er logiere im Zwanzigsten Bezirk.

Er *hause* in der Wohnung seiner Eltern, die vor sechs Wochen (» Selbstmord, junger Mann, Selbstmord ! «) gestorben seien.

» Wir müssen über den Donaukanal «, sagte er. Mich interessierte der Mensch, und ich hatte Lust, ihn solange wie möglich zu begleiten.

» Am Donaukanal müssen Sie zurückgehen «, sagte er, » Sie dürfen mich nicht weiter als bis zum Donaukanal begleiten. Fragen Sie, bis wir beim Donaukanal angekommen sind, nicht *warum !* «

Hinter der Rossauerkaserne, hundert Meter vor der Brücke, die in den Zwanzigsten Bezirk hinüber führt, sagte der Mann plötzlich, stehengeblieben, in das Kanalwasser hineinschauend : » Da, an dieser Stelle. «

Er drehte sich nach mir um und wiederholte : » An dieser Stelle. «

Und er sagte : » Ich stieß sie blitzschnell hinein. Die Kleider, die ich anhabe, sind *ihre* Kleider. «

Dann gab er mir ein Zeichen, das hieß : *verschwinde !*

Er wollte allein sein.

» Gehen Sie ! « kommandierte er.

Ich ging nicht sofort.

Ich ließ ihn aussprechen. » Vor zweiundzwanzig Jahren und acht Monaten «, sagte er.

» Und wenn Sie glauben, daß es in den Strafanstalten ein Vergnügen ist, so irren Sie sich ! Die ganze Welt ist eine einzige Jurisprudenz. Die ganze Welt ist ein Zuchthaus. Und heute abend, das sage ich Ihnen, wird in dem Theater da drüben, ob Sie es glauben oder nicht, eine Komödie gespielt. *Tatsächlich* eine Komödie. «

Bezirk : Paris hat 20 Bezirke
hause (abw.) : wohne
selbstmord : Freitod, Suizid ; sie haben Selbstmord begangen
gestorben < sterben : alle Menschen müßen sterben
Donaukanal : ein Arm der Donau in Wien
ich hatte Lust...zu : ich wollte...gern

Rossauerkaserne : alte ehemalige Kaserne in Wien, eine zeitlang Polizeigefängnis

wiederholte : sagte noch einmal

stieß < stoßen : *pousser* □ **blitzschnell :** sehr schnell, so schnell wie der Blitz
gab...Zeichen : machte eine Geste ohne etw zu sagen □ **verschwinde ! :** geh weg

sofort : gleich
aussprechen : zu Ende sprechen

Strafanstalten : Gefängnisse, Zuchthäuser
Vergnügen : Spaß □ **irren...sich :** haben Sie unrecht

da drüben : dort

Grammaire au fil des nouvelles

Traduisez les phrases suivantes inspirées du texte (le premier chiffre renvoie à la page, les suivants aux lignes).

***Lorsque tu auras écrit* ton étude sur le théâtre, pensai-je, alors le temps *sera venu*, alors il te *sera* à nouveau *permis* d'aller au théâtre, *afin que tu voies* que ton traité est juste** (passé antérieur allemand pour futur antérieur français — présent allemand pour futur français - directif - indicatif dans les subordonnées introduites par *damit*, 46 - 1...4).

Pour le théâtre tu t'es changé, pensai-je (passé composé des verbes pronominaux, 46 - 13,14).

Je *m'assis sur* le banc *à côté de* la Meierei, *bien que* s'asseoir en cette saison sur un banc du Volksgarten puisse être mortel (directif - locatif - *obwohl* + indicatif, 46 - 30,31, 32).

***Tandis que* je pense cela, j'éprouve *la plus grande jouissance* à triturer mon billet de théâtre** (superlatif - emploi de l'anaphorique *daran*, 48 - 6,7).

...je *ne* prononce *pas* la phrase bien que j'aie la plus grande envie de prononcer la phrase (place de *nicht*- *obwohl* + indicatif, 48 - 28, 29).

« *Si je n'avais pas perdu* ma montre je ne vous aurais pas abordé », dit-il, « je *n*'aurais abordé *personne* » (phrase conditionnelle, 50 - 2, 3).

« Oui, dit-il, maintenant vous allez sans doute vous faire des idées » (emploi particulier de *mögen*, 50 - 15,16).

Qu'est-ce qu'*on joue* aujourd'hui (passif impersonnel, 50 - 28).

***Cela fait exactement* quarante-huit jours que j'ai rencontré un être humain, à cette même heure, dans le Volksgarten** (54 - 15,16,17).

Il tendit son poignet vers mon visage *pour que je puisse* voir sa montre (*so daß* + indicatif, 54 - 24...26).

***Ça ne devrait pas être difficile, en vous observant...* de deviner *si* dans ce théâtre *on joue* en ce moment une comédie ou une tragédie** (emploi de *müssen*, traduction du participe présent - passif, 56 - 14...18).

NAMEN AUF DER STIRN

Catarina Carsten

Catarina Carsten, eine bekannte Journalistin aus der BRD, lebt jetzt bei Salzburg. Unter anderem schreibt sie Beiträge für "Die Zeit", eine angesehene Wochenzeitung.

Das Buch mit den Geschichten von Herrn Charon ist 1977 erschienen.

Lesen sie diese spannende Geschichte gleich zweimal.

Sie werden bemerkt haben, daß kein Wort zu dem überraschenden Ende in Widerspruch steht und doch beim ersten Lesen ganz anders verstanden wird. Oder haben *Sie* etwa das Ende schon vorher erraten?...

Franz Eder grinst immer.

Hat gegrinst, wird grinsen.

Grundlos — obwohl man das nicht genau weiß.

Diese spöttische Überheblichkeit.

Das ist festgewachsen, eingemeißelt, verliert sich nicht mehr. Sein Gesicht ist graugelb. Man könnte meinen: kein Tropfen Blut. Er blickt irgendwohin, sehr abwesend, sehr gegenwärtig. Wer ihn kennt, weiß, daß das kein Widerspruch ist. Sehr eindringlich: mitten ins Leben.

Was er denkt, weiß man nicht. Sein Atem ist unhörbar. Er hat an einem 7. April zu atmen angefangen. An einem 13. November mag ihm der Atem schwer geworden sein. Das geht vorüber.

Das Denken hat er sich abgewöhnt. Ist lange genug im Kreis gegangen. Grinst nur noch.

Aus seinem Namen macht er kein Geheimnis. Er steht in schwarzen Buchstaben auf seiner Stirn geschrieben. Seine Stirn ist glatt. Ausnehmend schön. Die Augen — aber man darf nicht so anspruchsvoll sein. Auch bei Nase und Mund nicht.

Die Stirn ist schön: geräumig, breit, hoch. Sie ladet dazu ein, daß einer seinen Namen auf der Stirn trägt. In schwarzen Buchstaben, rund zwei Zentimeter hoch, gut leserlich.

Zugegeben: es ist nicht jedermanns Sache, seinen Namen auf der Stirn zu tragen. Mancher tippt sich an den Kopf, fragt: was soll das?

Franz Eder trägt seinen Namen auf der Stirn.

Warum sollte er nicht?

Es ist eine Geste immerwährender Höflichkeit.

Die Amerikaner haben eingeführt, daß bei Konferenzen und Tagungen jeder Teilnehmer seinen Namen an der

grinst : lächelt breit und mokant

grundlos : ohne ein Motiv zu haben
spöttische : mokante □ **Überheblichkeit :** Arroganz
festgewachsen : festgeworden □ **eingemeißelt :** eingraviert
meinen : glauben, denken
Tropfen : zB. Regentropfen □ **Blut :** fließt in Venen □ **abwesend** ≠ präsent □ **gegenwärtig** = präsent
Widerspruch : *contradiction* □ **eindringlich :** insistierend
Atem : *respiration* □ **unhörbar :** man kann ihn nicht hören

mag...sein : vielleicht
geht vorüber : geht vorbei, hört auf
abgewöhnt : er raucht nicht mehr, er hat es sich abgewöhnt
Kreis : runde geometrische Form
aus...Geheimnis : er zeigt ihn allen Leuten
Buchstaben : das Alphabet hat 26 Buchstaben □ **Stirn :** *front*
glatt : wie poliert □ **ausnehmend** = sehr
anspruchsvoll sein : viel verlangen

geräumig : groß (es gibt viel Raum, viel Platz) □ **ladet...ein :** wie gemacht dafür, daß... □ **einer :** man
rund : ungefähr ≠ präzise, genau
leserlich : leicht zu lesen
zugegeben : *admettons* □ **nicht...Sache :** nicht jeder will das so
tippt... : Geste, die zeigt, daß man jn für dumm hält
was soll das : wozu soll das gut sein, nützen

immerwährender... (gen.): die immer da ist, nie aufhört □ **Höflichkeit :** gute Manieren □ **...eingeführt :** mit dieser Mode angefangen □ **Tagungen :** Kongresse

Kleidung festgesteckt trägt. Auf einem kleinen Schild, rechts oben, gut lesbar, wenn man sich gegenübersteht. Nicht so gut wie Franz Eder. Die Buchstaben auf seiner Stirn sind, wie gesagt, rund zwei Zentimeter groß, wenn nicht größer. Er nimmt auch auf Brillenträger Rücksicht.

Franz Eder verbeugt sich nicht, wenn er sich vorstellt.

Er bietet seine Stirn dar, offen, freimütig, sozusagen ohne mit der Wimper zu zucken.

Er grinst.

Er hat nichts zu verbergen.

Er geht nie aus.

Manchmal beneide ich ihn um sein Haus. Es ist dämmerig und kühl. Aber trocken, nicht ungesund, solide gebaut. Wer baut heute noch solide? Für die Ewigkeit, wie man früher sagte.

Unsere Ewigkeiten sind abzusehen.

Und dann die Fenster: viel zu große Fenster werden heute gebaut. Die Bauern wußten, weshalb sie kleine Fenster bauten. Diese Rechtecke, diese entsetzlich langen Handtücher, die heute die Mauern durchbrechen. Ganze Glasfassaden, kaum Mauerwerk.

Man sieht besser hinaus, das schon. Aber man sieht auch besser hinein. Das ist unangenehm.

Die Fenster bei Franz Eder sind winzig. Das gibt dem Haus Gewicht. Ein Haus muß Gewicht haben, sonst kann man es gleich in die Luft bauen.

Luftschlösser.

Franz Eder lebt zurückgezogen.

Ich besuche ihn manchmal.

Er besucht mich nie.

Er grinst willkommen.

Kleidung: Pullover, Jeans... □ **festgesteckt:** fixiert □ **Schild:** Etikett □ **lesbar:** leserlich □ **gegenübersteht:** ich stehe ihm gegenüber, ich sehe sein Gesicht

wenn nicht größer: vielleicht größer □ **Er...Rücksicht:** er denkt auch an Menschen, die Brillen tragen, weil sie schlecht sehen
verbeugt sich: macht eine Reverenz
bietet...dar: zeigt □ **freimütig:** offen, ohne Angst □ **sozusagen:** man könnte auch sagen □ **ohne...zucken:** ohne zu zögern

Er...verbergen: er hat kein Geheimnis, nichts zu verstecken

beneide...um: ich möchte auch so ein Haus wie seines
dämmerig: nicht sehr hell, aber auch nicht ganz dunkel

Ewigkeit < ewig: geht nie zu Ende
...abzusehen: man kann ein Ende voraussehen

Bauern: *paysans* □ **wußten** < wissen □ **weshalb:** warum
Rechteck: geometrische Form mit 4 Winkeln von 90° □ **entsetzlich:** furchtbar □ **Handtücher:** sind zum Abtrocknen nach dem Bad da
kaum: fast kein, fast nicht □ **Mauerwerk** < Mauer: heute haben viele Häuser Mauern aus Beton □ **das schon:** das ist richtig
unangenehm: es ist nicht angenehm, wenn alle Leute ins Zimmer hereinsehen können □ **winzig:** sehr klein ≠ riesig
Gewicht: Schwere und Bedeutung □ **sonst:** *sinon*
Luft: wir brauchen sie zum Atmen
Luftschlösser: ...bauen: unrealistische Pläne machen
lebt zurückgezogen: geht nicht aus und lädt nicht oft jn ein
manchmal: von Zeit zu Zeit, hin und wieder
nie = niemals
...willkommen: so als freute er sich über meinen Besuch

Das ist seine Art.

Unsere Unterhaltung ist still und gespannt. Er hört sehr aufmerksam zu. Darin hat er Übung. Ich frage ihn viel. Er weicht aus. Er fordert mich auf: Sieh mich an. Dann weißt du genug. Wozu die Worte?

Wenn ich gehe, müde, gereizt und auf Widerruf entlassen, sieht er mir nach.

Ich habe schon oft beschlossen, ihn nicht mehr zu besuchen.

Nicht, daß er mich erwartet. Ihm kann es egal sein.

Er weiß Bescheid.

Mir kann es nicht egal sein, denn ich weiß nicht Bescheid. Daß er meine Wißbegier begrinst, meine Ungeduld, verärgert mich. Dann wieder erscheint er mir diskret, auf Distanz bedacht, Eigenschaften, die ich schätze.

Auf meiner Stirn steht nichts geschrieben. Mein Name schon gar nicht. Ich würde mir das verbitten.

Er trägt seinen Namen auf der Stirn.

Wo ich ihn treffe?

In einem Gebirgstal. In einem Dorf. In einer Kapelle.

Im Beinhaus.

das...Art: er macht es immer so, das gehört zu seinem Charakter
Unterhaltung: Konversation □ **still** ≠ laut □ **gespannt**: konzentriert □ **Darin...Übung**: im Zuhören ist er geübt, er hat es sehr oft gemacht □ **weicht aus**: anwortet nicht auf die Fragen □ **fordert...auf**: verlangt □ **Wozu die Worte**: warum sprechen?
gereizt: ärgerlich, nervös □ **auf Widerruf** = endgültig, definitiv
entlassen: er läßt mich gehen
beschlossen (< beschließen): hatte vor

Nicht, daß...: es ist nicht so, daß...
weiß Bescheid: weiß genau, ist informiert

Wißbegier: Wissensdurst □ **begrinst**: darüber grinst
Ungeduld ≠ Geduld: sie hat keine Geduld zu warten □ **verärgert...**: bin ein wenig böse □ **auf...bedacht**: will Distanz halten □ **Eigenschaften...schätze**: Charakterzüge, die ich sympathisch finde,
schon gar nicht: *encore moins* □ **ich...verbitten**: das auf keinen Fall erlauben

Gebirgstal: ein Tal in den Bergen

Beinhaus n — (es, ¨ er): *ossuaire*

Grammaire au fil des nouvelles

Traduisez les phrases suivantes inspirées du texte (le premier chiffre renvoie à la page, les suivants aux lignes) :

Il s'est arrêté *de penser* (il s'en est déshabitué) (emploi nominal du verbe, 64 - 14).

Il *ne* faisait pas mystère *de* son nom (64 - 16).

...mais on ne doit pas être si exigeant (négation de *müssen*, 64 - 19).

Les lettres sur son front, comme ça a été déjà dit, *mesurent* environ *deux centimètres, sinon plus* (comparatif de supériorité, 66 - 3, 4, 5).

Parfois *je lui envie* sa maison (régime de *beneiden*, 66 - 13).

...on construit des fenêtres beaucoup trop grandes aujourd'hui (passif, 66 - 18, 19).

***Quand je m'en vais, fatigué, irrité...* il me regarde partir** (subordonnée en tête de phrase, 68 - 6, 7).

J'ai déjà souvent décidé *de ne plus lui rendre visite* (proposition infinitive, 68 - 8, 9).

Je ne le *tolèrerais pas* (subjonctif II remplacé par *würde* + infinitif, 68 - 18).

DIE LETZTEN VOM »SCHWARZEN MANN«

Alfred Andersch (1914-1980)

Andersch, der zu den bedeutendsten deutschen Autoren der Nachkriegszeit gehört, stammte aus kleinbürgerlichen Verhältnissen in München. Der Vater war ein fanatischer Nationalist.

Mit vierzehn Jahren wurde Andersch Buchhändlerlehrling. Er engagierte sich in der KPD und war deshalb 1933 in Dachau drei Monate in Haft. Danach zog er sich von der Partei zurück, war im Krieg Soldat der deutscher Wehrmacht, desertierte 1944 und kam in amerikanische Gefangenschaft.

1946 begann er seine literarische Tätigkeit als politischer Publizist, Rundfunkredakteur und Essayist. 1952 erschien sein autobiographischer Bericht "Kirschen der Freiheit". Sein erster Roman "Sansibar oder der letzte Grund" (1957) handelt von der Flucht mehrerer Personen aus Deutschland. Auch der Roman "Die Rote" (1960) hat die Flucht aus ideologischen und privaten Gründen zum Thema. "Winterspelt" (1974), ein Roman, dessen Schauplatz die Ardennen im Kriegsjahr 1944 sind, wird von manchen als sein bester angesehen.

1958 erschienen die Erzählungen "Geister und Leute", 1965 Hörspiele unter dem Titel "Fahrerflucht" (dtv), 1977 der Gedichtband "Empört euch, der Himmel ist blau".

Der Schmuggler Karl Roland, ursprünglich Student der Philosophie an der Universität Königsberg in Ostpreußen, bis er 1939 zur Infanterie eingezogen wurde, stapfte den zerfurchten Karrenweg von dem Dorfe Brandscheid zum Wald hinauf, über die Ginsterhänge hinweg. Er wußte, daß Lisa ihm nachblickte, von ihres Onkels Haus aus, wo sie zu Besuch war, aber er drehte sich nicht um.

» Da geh' ich nicht mit hinauf «, hatte sie zu ihm gesagt, als er sie aufgefordert hatte, ihn zu begleiten. » Es ist mir zu unheimlich dort oben. «

Es ging auf acht Uhr, an einem Abend im Juli, und hinter der belgischen Grenze war der Himmel ein riesiger Goldschild. Roland schnürte wie ein Fuchs über die Straße, die von Bleialf nach Prüm führte. Auf der anderen Seite strich er eine schmale Straße entlang, an deren Beginn merkwürdigerweise kein Wegweiser angebracht war.

Er hatte noch den Geschmack des hundsgemeinen Tresterschnapses auf der Zunge, den ihm der Wirt in Brandscheid eingeschenkt hatte, bei dem er den Kaffee losgeworden war. Eine dreckige, düstere Eifelwirtschaft, und sie betrogen ihn natürlich, so nah an der Grenze. Wenn er weiter landein ginge, bekäme er sicher mehr für den Kaffee.

» Was tun Sie denn immer da oben? « hatte der Wirt mißtrauisch gefragt und mit dem Daumen eine Bewegung zur Decke des Schankraums gemacht, als meinte er die und nicht die Wälder auf dem Kamm der Schnee-Eifel. » Schauerliche Gegend, puh! « Und er verschwappte etwas von dem Schnaps, den er Roland eingoß.

» Da oben bin ich am sichersten «, hatte Roland geantwortet und den Wirt angesehen. Er wußte, daß sie seinen Blick nicht mochten, daß sie ihn nicht ertragen

Schmuggler: er bringt Sachen illegal über die Grenze □ **ursprünglich:** zuerst □ **Königsberg:** heute: Kaliningrad; dort hatte Kant Philosophie gelehrt □ **stapfte:** ging mit schweren Schritten
zerfurchten...: schlechten Weg mit vielen Furchen
Ginster (m): *genêt* □ **Hänge:** (sing.) Hang (m); zB. ein Skihang
nachblickte: nachsah
drehte sich...um: sah...zurück

aufgefordet: eingeladen □ **...begleiten:** mit ihm ein Stück mitzugehen □ **unheimlich:** an einem unheimlichen Ort hat man Angst □ **es ging auf...:** es war gegen..., ...kurz vor...
riesiger: sehr großer
Goldschild (m): sah aus wie ein Schild (*bouclier*) aus Gold □ **schnürte...:** ging...
strich...entlang: ging leise und schnell
merkwürdigerweise: es war seltsam, daß... □ **Wegweiser:** Tafel, die den Weg anzeigt □ **hundsgemein** (ugs.): elend, sehr schlecht
Zunge: die Zunge befindet sich im Mund, sie dient zum Sprechen und Schmecken
losgeworden...: ...hatte verkaufen können □ **dreckig** (ugs.): sehr schmutzig □ **betrogen** (< betrügen): sie gaben ihm weniger Geld als der Kaffee wert war □ **landein...:** von der Grenze weg, ins Land hinein...

mißtrauisch: ...weil er dem Mann nicht vertraut
Decke = Plafond □ **Schankraum:** Gastzimmer wo Getränke ausgeschenkt werden □ **Kamm:** *crête* □ **Schnee-Eifel:** ein Teil der Berge, die Eifel heißen □ **schauerlich:** unheimlich □ **verschwappte:** verschüttete □ **eingoß** < eingießen: einschenken
...am sichersten: am ehesten in Sicherheit

mochten < mögen: gern haben □ **ertragen:** aushalten

konnten und Roland zum Teufel wünschten, wenn er seine Geschäfte erledigt hatte. Sein Blick, das wußte er, kam aus einer Ferne, die sie nicht einmal ahnten.

» Was tust du überhaupt immer in diesem furchtbaren Wald? « wollte auch Lisa wissen. Sie hatte ein helles Sommerkleid an, auf das große Blumen gedruckt waren, und schob den Wagen, in dem sich ihr Kind befand, durch das Dorf. Sie war wirklich ein elegantes Mädchen, mit einem prachtvollen Damengesicht unter dunklen Haaren, und eine wahre Erholung, wenn man gezwungen war, in der Eifel zu leben.

» Ich wohne da «, pflegte Roland ganz wahrheitsgemäß zu antworten, wenn er mit ihr auf den Ginsterhängen oder Feldwegen spazierenging. » Ich wohne in einem Bunker «, erklärte er ihr. » Sie sind zwar alle gesprengt, aber es gibt da immer noch Kasematten, in denen man ganz gut wohnen kann. Ich habe ein Feldbett drin und einen Tisch und Borde, auf denen meine Sachen stehen. An der Wand hängen sogar zwei Bilder — eine Ansicht von Königsberg und ein Foto von Rita Hayworth, das ich in einer alten Nummer von "Life" gefunden habe. Es ist wirklich ganz gemütlich. Und dort findet mich niemand. «

Das Sträßchen trat aus einer Schonung heraus, und dann begann der Wald. Die Fichten standen dunkel um den Horizont, und davor breitete sich die Fläche mit den Stümpfen der abgeschossenen Bäume. Jedesmal, wenn Roland sie wiedersah, erinnerte er sich an den rauschenden Aufschlag der Granaten, unter dem sie geknickt waren. Die Straße führte oben auf den Kamm hinauf, und von dort aus hatte man einen endlosen Blick über einen Ozean von flachen Tälern und Wäldern, die aus dem Westen herandrängten, von St. Vith und Malmedy. Ein ziemlich

Teufel: Satan
Geschäfte...hatte: seinen Handel beendet hatte
...Ferne (geh): von so weit her □ **Ferne...ahnten:** von der sie nicht einmal wußten, daß es sie gibt□ **tust:** machst □ **furchtbaren:** schrecklichen □ **hatte...an:** trug□ **hell** ≠ dunkel
gedruckt < drucken: Bücher werden in einer Druckerei gedruckt
schob < schieben □ **befand** < befinden: sein

prachtvoll: wunderschön
wahre Erholung: sehr angenehme Abwechslung □ **gezwungen...:** ...mußte □ **Eifel:** Berg-und Waldregion zwischen Belgien, der BRD und Luxemburg □ **pflegte...zu:** antwortete er immer □ **wahrheitsgemäß:** der Wahrheit entsprechend (was auch stimmte)
Feldwege: kleine Wege zwischen den Feldern
gesprengt < sprengen: zB. etw. mit Dynamit sprengen

Feldbett: Bett für Soldaten
Borde: Etageren (meist für Bücher)
Ansicht: man sieht darauf einen größeren Teill der Stadt

ganz: ziemlich
gemütlich: angenehm (man fühlt sich dort wohl)
Schonung: Waldteil mit jungen Bäumen
Fichte f(-,n): *épicéa*
Fläche: zB. eine Fläche von 20 m^2
Stümpfen (< Stumpf): Resten
rauschend < rauschen: Geräusch von Wasser, Wald usw aber auch im Radio, auf Kassetten usw □ **Aufschlag:** *impact* □ **geknickt:** abgebogen, abgebrochen
endlos...: man konnte sehr weit sehen
flach ≠ steil
herandrängten: sich dicht heranschoben (als ob sie herkämen)

geographisches Gefühl. Roland liebte Grenzen, weil an ihnen die Länder unsicher wurden. Sie verloren sich in Wäldern, zerfransten sich in Karrenwegen, die plötzlich aufhörten, in Radspuren, in Fußpfaden, unterm hohen gelben Gras, das niemand schnitt, in Sümpfen, Ödhängen, Wacholder, verrufenen Gehöften, Einsamkeit, Verrat und Bussardschrei. Schnee-Eifel hieß das, Ardennen, Hohes Venn...

Es wurde dunkler, aber man konnte noch gut sehen. Überall die Felder aus toten Baumstümpfen und an der Straße die in die Luft ragenden Betonplatten der gesprengten Bunker, beinbleich, knochenbleich... es war wirklich kein Revier für Lisa, überlegte Roland, sie würde sich fürchten. Übrigens ging sie mit ihm nur am Tage spazieren. Sowie sich die erste Dunkelheit in das Licht mischte, trennte sie sich unter irgendeinem Vorwand von ihm. Sie hatte Angst, er spürte es. Alle hatten Angst vor ihm. Sogar der Herr Pfarrer von Brandscheid hatte Angst, obwohl Roland ihm die Wahrheit gesagt hatte.

Heute nacht hatte er nichts vor. Überhaupt begann der Schmuggel ihn zu langweilen. Er kannte den Weg über Ormont zu dem Wirsthaus in Losheim schon auswendig. In Losheim, auf der belgischen Seite, packte er den Rucksack mit Kaffee voll und schob los, nach Brandscheid oder Hallschlag, Winterspelt oder Kronenburg, wo er für die Ware soviel einhandelte, daß er sich wieder vierzehn Tage auf die faule Haut legen konnte. Er aß noch immer gerne und hatte sich angewöhnt, ein wenig zu trinken. So kaufte er feine Delikatessen in Büchsen und ließ sich von dem Händler in Kronenburg, auch in Hinblick auf Mike, Whisky und Gin besorgen. Der Herr Pfarrer von

liebte ≠ haßte

Länder: < das Land □ **verloren** < verlieren

zerfransten sich: lösten sich auf

Radspuren: Spuren von Wagenrädern (zB. Skifahrer machen Spuren in den Schnee) □ **schnitt** < schneiden □ **Sümpfen** < der Sumpf: *marais*□ **Wacholder**: *genièvre* □ **verrufene Gehöfte**: Bauernhäuser mit sehr schlechtem Ruf □ **Einsamkeit**: Verlassenheit □ **Verrat**: Denunziation, Perfidie □ **Bussardschrei**: Ruf eines Raubvogels (*buse*)

...ragenden: steil heraussstehenden □ **Betonplatten**: ...stücke

beinbleich...: bleich wie Skelette

Revier: Ort (im Wald)

...sich fürchten: sie hätte Angst

sowie: sobald

mischte < mischen: zB. blau + gelb gemischt gibt grün □ **trennte** < sich trennen = zusammenkommen □ **spürte**: fühlte

Pfarrer: ein Pfarrer ist Pastor bei den Protestanten oder Priester bei den Katholiken

hatte...vor: keine Pläne für...

kannte...auswendig: ...zu gut, zu genau

schob los (ugs): ging los, zog los

wo...einhandelte: ...soviel Geld für seinen Kaffee bekam, daß... (Kaffee ist die Ware, mit der der Schmuggler Karl Roland handelt)

sich auf...konnte: nichts zu arbeiten brauchte

sich angewöhnt (≠ abgewöhnt): begonnen, angefangen (≠ aufgehört)□ **Delikatessen**: feine, luxuriöse Eßwaren □ **Büchsen**: Dosen, Konserven □ **in Hinblick auf**: wegen, für

besorgen: beschaffen (kaufen)

Brandscheid bestellte für ihn Bücher, meistens Neuerscheinungen, von denen Roland aus der Zeitung erfuhr.

Aber im Grunde hing ihm alles zum Halse heraus. Es war langweilig, weil er dabei nicht die geringste Gefahr lief. Er tauchte in den Dörfen auf wie ein Schatten. Die Grenzer hatten es längst aufgegeben, ihn schnappen zu wollen. Sie wußten auch, daß er irgendwo auf der Schnee-Eifel verschwand, aber das Gebiet war so groß, und eigentlich war es kein Schmugglerstützpunkt. Man wußte nicht, wo noch vermint war. Und auch den Polizisten war es einfach zu unheimlich dort oben.

Wenn Lisa wüßte, daß es gar keine Gefahr mit ihm hatte, dachte Roland. Er würde direkt in Verlegenheit geraten, wenn sie seinen Flirt einmal ernst nähme. Seinetwegen brauchte sie keine Angst um ihre Ehe zu haben. Er hatte nur gehofft, sie würde ihn einmal nach dort oben begleiten und dann versuchen, ihm zu helfen. In jenen alten Sagen, die Fälle wie den seinen behandelten, wurde ja behauptet, daß die reine Liebe eines Mädchens einen Geist, der nicht zur Ruhe kommen konnte, zu erlösen vermochte. Romantische Idee! Jungfrau war sie sowieso nicht. Na, sie reiste ja bald wieder ab. Schade. Ob er es ihr vorher sagte, was mit ihm los war? Unsinn. Nicht einmal der Herr Pfarrer von Brandscheid glaubte es ja.

Die Straße näherte sich dem Waldstück, das "Schwarzer Mann" hieß. Von hier waren es zwei Stunden bis nach Brandscheid im Süden und wieder zwei Stunden bis zum Forsthaus Schneifel im Norden. Dazwischen gab es keine menschliche Behausung. Die Bunker wurden immer mächtiger, und zwischen den Baumstümpfen standen jetzt auch hohe Skelette von Bäumen bleich in der Dunkelheit. Das letzte Licht spiegelte sich in den tiefen Pfützen

bestellte : ...weil er sie nicht sofort kaufen konnte □ **Neuerscheinungen...erfuhr** : neu erschienene Bücher, ...in der Zeitung las
hing...heraus : hatte er es satt
nicht...lief : gar nichts riskierte
tauchte auf : war plötzlich da
Grenzer : die Zollbeamten □ **längst aufgegeben** : hatten schon lange aufgehört □ **schnappen** : festnehmen
verschwand < verschwinden □ **Gebiet** : die Region
Stützpunkt : es gibt zB. auch Militärstützpunkte
vermint : wo es noch Minen gab

es...hatte : daß er ganz ungefährlich war
...geraten : in...kommen (er wüßte nicht, was er tun sollte)
seinetwegen : was ihn betraf (< betreffen)
Ehe : sie ist verheiratet, hat einen Ehemann

Sagen : so ähnliche Geschichten wie Legenden (zB. die Sage von Siegfried) □ **behauptet** : gesagt (auch wenn es vielleicht nicht stimmt) □ **Geist** : *esprit*
erlösen : *racheter* □ **zu...vermochte** < etw. zu tun vermögen (geh) : etw. tun können □ **Jungfrau** : die Katholiken glauben an die Jungfrau Maria
was...war : was er hatte (wie es um ihn stand) □ **Unsinn** : das hatte keinen Sinn

Stunden : eine Stunde dauert 60 Minuten

Forsthaus : *maison forestière*
keine menschliche Behausung : nichts, wo Menschen gewohnt hätten □ **mächtiger** < mächtig : beindruckend groß

...spiegelte sich : wurde von... reflektiert □ **Pfütze f(-,n)** : *flaque*

auf der Straße. Auf einem Kreuz hing ein Stahlhelm, und darunter stand: » Unbekannter Soldat. « Roland wußte, daß das nur einer aus seiner Einheit sein konnte und ging im Geiste jedesmal die Liste durch, wenn er an dem Kreuz vorbei kam.

Er hörte Schritte und sah, wie sich Mike aus der Dämmerung löste und auf ihn zukam.

» Hello, Charlie ! « sagte Mike nachlässig und fragte: » Hast du alles ? «

» Mhm «, sagte Roland. » Hab' auch Whisky mitgebracht. «

Eigentlich ging er nur noch Mike zuliebe los. Mike hatte in den fünf Jahren seit dem Februar 1945 ganz gut Deutsch gelernt, aber mit seinem amerikanischen Akzent wäre er doch aufgefallen, wenn er sich in die Dörfer gewagt hätte. Er hatte zu jenem Combat-Team von Bradleys Armee gehört, das den "Schwarzen Mann" die ganze Rundstedt-Offensive hindurch gehalten hatte.

» Fein ! « sagte Mike. » Hast du sonst was erreicht ? « Roland schüttelte den Kopf. Er dachte an sein Gespräch mit dem Herrn Pfarrer von Brandscheid.

» Erlösen Sie uns, Herr Pfarrer ! « hatte er zu dem geistlichen Herrn gesagt, wie stets, wenn er ihn besuchte. Aber der wurde immer wütend, wenn Roland nur davon anfing. » Sie sind ja verrückt «, sagte er. » Lassen Sie mich mit Ihren Halluzinationen zufrieden ! — Alle, die zu lange da oben sind, schnappen einfach über «, setzte er brummend hinzu. » Warum melden Sie die Sache nicht nach oben ? « Roland trieb ihn in die Enge. » Fragen Sie doch einmal beim Erzbischöflichen Ordinariat in Trier an ! « Der geistliche Herr hatte, wie stets, abgewinkt. » Das ist nicht meine Sache. Ich bete nach jeder

hing < hängen □ **Stahlhelm**: Soldaten haben Helme aus Stahl auf dem Kopf □ **stand** < stehen
Einheit: Kompanie (beim Militär) □ **ging...durch**: dachte der Reihe nach an alle aus seiner Einheit

...löste: heraustrat
Charlie: Karl □ **nachlässig**: lässig, mit Nonchalance

"mhm": ja □ **hab'**: ich habe

...zuliebe: für ihn, seinetwegen, um ihm einen Gefallen zu tun
ganz gut: recht gut

...aufgefallen: hätte man ihn bemerkt □ **...gewagt hätte**: wenn er es riskiert (ugs) hätte in die Dörfer zu gehen

sonst was (sonst etwas): außerdem noch etwas..., noch etw. anderes
...erreicht: ...ausgerichtet, ...erledigen können □ **schüttelte den Kopf**: das bedeutet "nein"

stets = immer □ **...geistlichen Herrn**: Pfarrer
...wütend: ...zornig, sehr böse
nur davon anfing: nur davon zu sprechen begann □ **verrückt** ≠ normal □ **zufrieden**: ...in Ruhe
schnappen über (ugs): werden verrückt □ **setzte...hinzu**: fügte...hinzu □ **melden**: *signaler*
trieb...in die Enge: fragte ihn so drängend, daß dieser nicht ausweichen konnte, daß er antworten mußte □ **Erzbischöfliches Ordinariat** (n): *archevêché* □ **Trier**: *Trèves*
abgewinkt: gleich abgelehnt, nein gesagt

Messe für Sie drei Vaterunser. Das ist das einzige, was ich für Sie tun kann. «

So zog sich der Herr Pfarrer von Brandscheid aus der Affäre. Er war schon ein alter Herr, und er vermutete nicht zu Unrecht, daß man ihn sofort pensionieren würde, wenn er mit Rolands Geschichte nach Trier ging. Aber er hatte auch Angst gehabt. Roland hatte die flackernde Angst in seinen Augen gesehen.

Er spürte Mikes Hoffnungslosigkeit. Sie verließen zusammen die Straße und schritten über das sumpfige Gelände. In den Bombentrichtern stand das Wasser. An den Rändern der Trichter wuchs das Wollgras ; es schimmerte phosphoreszierend in der Dunkelheit. Das Schild mit der Aufschrift » Vorsicht, Minen ! « und dem französichen Wort » Danger « war längst umgesunken und verging im fauligen Grund. Über das tote Baumfeld gingen sie auf die schwarze Mauer des Waldes zu. Der Nachthimmel über ihnen war bleigrau, denn von Belgien her hatte sich Gewölk vor den Mond geschoben.

Unter den Fichten am Waldrand stießen sie auf das erste Skelett. Der Schädel schimmerte aus dem Moosgrund zu ihnen empor. Die Uniform war ganz zerfallen. Roland kniete nieder und befühlte das Eiserne Kreuz, das längst verrostet war. Unter dem Schädel fand er das in Wachstuch geschlagene Soldbuch und blätterte darin. Er hatte es selbst in das Tuch eingefaltet, damit man den Gefallenen identifizieren konnte, wenn man ihn fand. Er ließ die Taschenlampe aufblinken und besah zum tausendsten Male sein eigenes Gesicht. So hatte er vor zwölf Jahren ausgesehen, als man ihn eingezogen hatte. » Karl Roland « stand darunter und in der Spalte Zivilberuf : » Student «.

das einzige...: mehr kann ich für Sie nicht tun

zog... < sich aus der Affäre ziehen
vermutete...: nahm...an, dachte
pensionieren: in den Ruhestand versetzen

flackernde < flackern: eine Flamme flackert im Wind

schritten: gingen □ **sumpfig** < Sumpf
Gelände: das Terrain
Ränder < Rand ≠ Mitte □ **Trichter** (m): Bombenkrater □ **Wollgras:** *linaigrette*

umgesunken < umsinken: langsam umfallen
verging...Grund: verfaulte im sumpfigen Boden

bleigrau: grau wie Blei (*plomb*)
Gewölk (n) (geh): Wolken
stießen (< stoßen)**...auf:** trafen...auf
Schädel: Totenkopf (m) □ **Moos** (n): *mousse*
zu...empor (geh): zu...herauf □ **zerfallen:** verfault, aufgelöst
kniete nieder: *s'agenouilla* □ **befühlte:** betastete, tastete...ab
verrostet: von Rost zerfressen
Wachstuch: *toile cirée* □ **in...geschlagene:** in...gewickelte, eingepackte □ **Soldbuch:** *livret militaire*
Gefallenen: den im Krieg umgekommenen Soldaten
ließ...aufblinken: ...aufleuchten, machte...an

eingezogen < einziehen
Spalte (f): Rubrik (f) □ **Beruf:** professionelle Tätigkeit

Er löschte die Lampe und erhob sich. Schweigend und düster stand Mike neben ihm und starrte in das Fichtendunkel hinein. Dort drinnen lag Mike.

» Er will uns also nicht begraben lassen ? « fragte Mike aus seinem finsteren Brüten heraus zu Roland. Roland zuckte mit den Achseln. » Er hält uns wohl für harmlose Irre «, antwortete er. » Und vielleicht hat er Angst. Sicherlich hat er Angst. «

Als sie den Bunker erreichten, sagte er zu Mike : » Sie glauben alle nicht mehr an Geister. «

Wie in beinahe jeder Nacht spielten sie auch in dieser ein paar Stunden Siebzehn und Vier und tranken Whisky in kleinen Schlucken, ehe sie zu Bett gingen.

löschte...: machte...aus ☐ **erhob sich** (geh): stand auf
düster: düster dreinschauend (deprimiert) ☐ **starrte**: sah starr...

begraben: in vielen Kulturen werden die Toten begraben
...Brüten (< brüten): ...Grübeln, seinen düsteren Gedanken...
zuckte...: ...mit den Schultern: fatalistische Geste ☐ **harmlos**: ungefährlich ☐ **Irre**: Narren (< der Narr), Verrückte (der, die Verrückte) ☐ **sicherlich**: wahrscheinlich, gewiß

beinahe: fast
Siebzehn und Vier: Kartenspiel (n) ☐ **in kleinen Schlucken trinken**: langsam und wenig auf einmal trinken ☐ **ehe**: bevor

Grammaire au fil des nouvelles

Traduisez les phrases suivantes inspirées du texte (le premier chiffre renvoie à la page, les suivants aux lignes) :

Je ne vais pas avec toi *là-haut,* lui avait-elle dit *alors qu'*il *l'invitait à l'accompagner* (directif - infinitive, 72 - 8,9).

De l'autre côté, il fila le long d'une route étroite au *début de laquelle,* bizarrement, on n'avait pas fixé de panneau indicateur (relative avec préposition, 72 - 14,15,16).

C'est là que je suis *le plus* en sécurité (superlatif de l'adjectif attribut, 72 - 30,31).

Ils sont certes tous dynamités, mais il y a encore des casemates où on peut encore assez bien habiter (relative, 74 - 15,16,17).

Partout des champs de souches d'arbres morts et, au bord de la route, *dressées en l'air, les plaques de béton* des bunkers dynamités... (qualificative, 76 - 10,11,12).

Même Monsieur le curé de B. avait peur *bien que* Roland *lui ait dit la vérité* (indicatif après conjonction de concession, 76 - 18,19).

Ça lui poserait de réels problèmes si jamais *elle prenait* son flirt au sérieux (subjonctif II dans la subord. conditionnelle, 78 - 13,14).

D'ici *il y avait* deux heures (de marche) jusqu'à B.... (78 - 26,27).

Sur une croix *était accroché* un casque d'acier et *au-dessous était écrit :* soldat inconnu (verbe de position - anaphorique prépositionnel, 80 - 1,2).

Mike avait appris...assez bien l'allemand, mais avec son accent américain on l'aurait remarqué *s'il avait osé* aller dans les villages (conditionnelle passée, 80 - 12...16).

...et buvaient du whisky à petites gorgées avant d'aller se coucher (subordonnée avec *bevor,* 84 - 12,13).

DIE FOTOGRAFIE

Franz Hohler (1943 geb.)

Franz Hohler, ein Schweizer, studierte Germanistik und Romanistik. Als er 1965 erste Erfolge im Kabarett hatte, brach er das Studium ab und lebt seither als freier Schriftsteller und Kabarettist in Uetikon bei Zürich. Er gab zahlreiche Gastspiele in ganz Europa, Israel, Nordafrika, Kanada und den USA.

Als Autor von Erzählungen, Hörspielen, Fernsehfilmen, Theaterstücken und Kinderbüchern wurde er mehrfach ausgezeichnet.

In weiteren Kreisen bekannt wurde er vor allem durch seine satirischen, mit hintergründigen Humor erzählten Geschichten. 1973 erschien die Sammlung mit dem Titel "Der Rand von Ostermundigen", aus der die folgende Kurzgeschichte stammt.

Sehr leicht zu lesen sind die äußerst kurzen, skurrilen Geschichten aus "Der Granitblock im Kino" (1981, Fischer-Boot), in denen Gegenstände als handelnde Personen auftreten.

Als ich vor einiger Zeit beim Durchblättern eines Fotoalbums auf ein Bild von der Hochzeit meiner Eltern stieß, verweilte ich etwas länger dabei. Ich wollte wissen, wen ich alles kannte, auch interessierte mich, da ich inzwischen selbst geheiratet hatte und bereits älter war als das Paar auf der Hochzeitsfotografie, ob mir die Eltern nun jünger vorkämen als ich mir selbst. Es war mir aber nicht möglich, die beiden so anzusehen, als ob sie mit mir nichts zu tun hätten, als ob sie nicht gerade die wären, die immer älter waren als ich, und wäre es mir gelungen, wären sie mir wohl trotzdem nicht richtig jung erschienen, da man der Kleidung der Abgebildeten und ihrem Gehaben ansah, daß sie in eine frühere Zeit gehörten, und Leuten, die in einer früheren Zeit jung waren, glaubt man zwar, daß sie eine Jugend hatten, aber nicht, daß sie tatsächlich jung waren.

Das Bild war vor der Kapelle aufgenommen, in der die Trauung stattgefunden hatte, und außer meinem Vater und meiner Mutter waren darauf meine vier Großeltern zu sehen, von denen jetzt nur noch zwei am Leben sind, sodann ein Urgroßvater, den ich nicht mehr gekannt habe und der äußerst unnahbar wirkte, die Schwester meines Vaters, bereits mit ihrem heutigen Mann, aber etwas unverbrauchter aussehend, und die zwei Brüder meiner Mutter, der eine noch im Bubenalter, der andere in Offiziersuniform. Um diesen familiären Kern des Bildes gruppierten sich die weniger engen Verwandten wie die Geschwister der Großeltern, die ich nicht alle kannte, und nebst dem Pfarrer einige Freunde des Paares, die mir zum größten Teil fremd waren. Unter diesen übrigen Leuten fiel mir vor allem ein Mann auf, der ganz am Rand des Bildes auf einem Steinbänklein unter einem Baum saß und die Szene betrachtete, als ob er nicht ganz dazugehöre. Seine Augen

Hochzeit : zB. “Figaros Hochzeit”
...stieß (< auf etw. stoßen) : fand □ **verweilte... :** sah ich es längere Zeit an □ **wen ich alles... :** wen ich von den vielen Leuten...
bereits : schon

...vorkämen < jm. kommt etw...vor : es erscheint ihm □ **...nicht möglich :** ich konnte...nicht... □ **mit...hätten** < mit jm. etw. zu tun haben : zu jm. zu etw. eine Beziehung haben □ **gerade :** just □ **wäre...gelungen** (< gelingen) : wenn es mir auch geglückt wäre
wohl : wahrscheinlich □ **richtig :** wirklich
Abgebildeten : der fotografierten Personen □ **Gehaben** (n) : Benehmen (n) ihren Gesten □ **in...gehörten :** dort ihren Platz hatten □ **zwar :** *certes*
tatsächlich : wirklich
aufgenommen (< aufnehmen) : fotografiert
Trauung : Hochzeitszeremonie □ **stattgefunden** < stattfinden : zB. : das Konzert findet heute um 20 Uhr im “Zenith” statt
sodann : außerdem, weiterhin
Urgroßvater : Vater des Großvaters □ **gekannt** < kennen
äußerst : überaus sehr □ **...unnahbar wirkte :** ...unzugänglich (≠ gesellig, offen) aussah □ **unverbrauchter :** frischer, jünger (von Personen)
noch im Bubenalter : ...noch ein Junge (Bub : österr. und schw. : Junge) □ **Kern :** zB. Kirschen haben innen einen Kern
weniger...Verwandten : ...entfernteren (< entfernt ≠ nah) Familienmitglieder □ **nebst :** außer
zum größten Teil : fast alle □ **fremd :** unbekannt
fiel...auf : bemerkte ich (< jm. fällt j. oder etw. auf)
Rand ≠ Mitte
Steinbänklein : kleine Bank aus Stein
...dazugehöre : ...ein Teil diese Gruppe sei

waren dunkel und blickten sehr ernst, auf seinem Kopf sah man kein einziges Haar, und seine Hände waren auf einen Stock gestützt, der mit einem silbernen Knauf versehen war. Was mir zusätzlich auffiel, war, daß der Mann weiße Handschuhe trug, was auch in jener Zeit, soviel mir bekannt ist, ungebräuchlich war. Da ich mich nicht erinnerte, diesen Mann je im Zusammenhang mit meinem Eltern gesehen zu haben, nahm ich mir vor, meinem Vater gelegentlich nach ihm zu fragen.

Als ich ihn das nächstemal zu Hause besuchte, schauten wir sein Album mit den Hochzeitsfotografien durch, aber auf all den Bildern vor der Kapelle war kein solcher Mann zu sehen, und mein Vater konnte sich auch an niemanden erinnern, auf den meine Beschreibung zugetroffen hätte. Wahrscheinlich, meinte er, sei es ein Passant gewesen, der zufällig vorbeigekommen sei und sich auf das Bänklein gesetzt habe, die Kapelle liege ja an einem schönen Ort, werde oft aufgesucht und sei auch das Ziel eines Wanderweges.

Mit dieser Erklärung war ich nicht zufrieden. Irgendwie konnte ich mir nicht vorstellen, daß sich der Mann nur für die Dauer einer Aufnahme auf das Bänklein gesetzt hatte, zudem war er so festlich angezogen, daß er weder ein Wanderer noch ein Ausflügler sein konnte, und es schien mir auch, sein Blick enthalte mehr Teilnahme als der eines gänzlich Fremden.

Als ich dem Vater wenig später mein Bild zeigen konnte, war er sehr erstaunt, schüttelte den Kopf und sagte, nie, nie habe er diesen Mann gesehen und möge sich auch nicht erinnern, daß er ihn auf der Fotografie, die nun in meinem Album klebte, wahrgenommen habe. Es habe aber nachher, so sagte er, in der gleichen Kapelle eine weitere

ernst: ohne zu lächeln (≠ lustig, fröhlich)
kein einziges...: nicht ein Haar (er hat eine Glatze)
Stock: wenn man sich darauf stützt, kann man leichter gehen □ **Knauf**: Griff eines Stocks □ **mir...war**: der...hatte □ **zusätzlich**: außerdem noch □ **trug** < tragen
ungebräuchlich: nicht üblich, rar
je = jemals
nahm...vor: beschloß ich
gelegentlich: bei Gelegenheit
schauten...durch: sahen...durch, sahen sie systematisch nacheinander an
auf all...zu sehen: auf keinem dieser vielen Bilder...konnte man so einen Mann sehen
zugetroffen < zutreffen: passen
meinte: sagte
zufällig ≠ mit Absicht
liege: befinde sich
aufgesucht: besucht □ **Ziel**: Ort. (Stelle, die) den man erreichen will □ **Wanderweg** (< wandern + Weg): zB. in Frankreich haben viele lange Wanderwege eine Nummer, sie heißen GR
irgendwie...vorstellen: ich konnte nicht recht glauben
Dauer < dauern: zB. ein Film dauert meistens eineinhalb Stunden (= 90 Minuten) □ **zudem**: uberdies, außerdem □ **festlich...angezogen**: wie für ein Fest gekleidet □ **Ausflügler**: j, der einen Ausflug macht □ **sein...Teilnahme**: in seinem Blick liege mehr Sympathie, als in dem... □ **gänzlich**: vollkommen, total (ugs)

erstaunt: verwundert
möge: könne

klebte < kleben: zB. 'Uhu' ist ein Klebstoff □ **wahrgenommen**: gesehen □ **...weitere**: noch eine andere

Hochzeit stattgefunden, zu welcher vereinzelte Gäste bereits am Schluß seiner eigenen Feier eingetroffen seien, und er könne sich denken, daß dies die letzte Aufnahme des Fotografen vor der Kapelle gewesen sei und es sich bei diesem Mann um einen der ersten Gäste der anderen Hochzeitsgesellschaft handle.

Mit dieser Darstellung begnügte ich mich vorderhand, wenn mir auch schwer erklärlich war, warum ein fremder Gast die Indiskretion begangen haben sollte, sich ins Schußfeld des Fotografen zu setzen. Auch bekam ich bei wiederholtem Betrachten des Bildes das Gefühl, der Mann habe etwas mit meiner Mutter zu tun, die kurz vor meiner Verheiratung gestorben war. Aus der starken Ablehnung meines Vaters schloß ich, daß auch er etwas ähnliches dachte, doch ich wollte nicht weiter in ihn dringen.

Meine Frau begann sich langsam zu beunruhigen, daß ich der Sache soviel Gewicht beimaß und konnte nicht verstehen, weshalb ich die Erklärung meines Vaters nicht gelten lassen wollte. Ich gab dann, nachdem auch Erkundigungen bei Verwandten nichts eingebracht hatten, meine Nachforschungen auf, obwohl die Frage für mich nicht gelöst war.

Die Ruhe, die nun folgte, war aber nur oberflächlich und wurde bald darauf durch einen neuen Vorfall zerstört. Meine Schwester, die seit kurzem verheiratet war, hatte ein Kind zur Welt gebracht und hatte mich gebeten, Taufpate zu sein. Ich war einverstanden, und die Taufe fand in der Kirche des Dorfes statt, in dem meine Schwester wohnt. Es war eine Feier, an der nur die nächsten Angehörigen des Elternpaares teilnahmen. Eine Ausnahme bildete ein Freund meines Schwagers, der eigeladen worden war, weil er gut fotografierte.

zu welcher: zu der □ **vereinzelt:** einige wenige
eingetroffen < eintreffen: kommen
sich denken: sich vorstellen
es...handle: daß dieser Mann einer der ersten...war

Hochzeitsgesellschaft (f): alle Gäste bei einer Hochzeit
Darstellung: Erklärung □ **begnügte...:** gab ich mich zufrieden □ **vorderhand:** zunächst, vorläufig, fürs erste
...begangen < ...begehen
Schußfeld (man kann ein Foto schießen) □ **bekam ich...das Gefühl:** hatte ich...den Eindruck

gestorben < sterben □ **Ablehnung:** der V. will nicht davon reden **...schloß ich** < etw. aus einer Tatsache Schließen: einen logischen Schluß daraus ziehen □ **nicht...dringen:** ihn nicht länger ausfragen, mit meinen Fragen bedrängen □ **...beunruhigen:** sich Sorgen zu machen □ **der...beimaß** (< beimessen) sie so wichtig fand
weshalb: warum
nicht gelten lassen wollte: nicht akzeptieren wollte
Erkundigungen: Fragen □ **nichts...hatten:** erfolglos geblieben waren □ **Nachforschungen** < nachforschen: intensiv suchen
...gelöst (< lösen): dis Sache nicht erledigt war (zB. ein Problem lösen) □ **oberflächlich** ≠ tiefgehend
Vorfall (m): Ereignis (etw. das passierte) □ **zerstört** < zerstören: kaputtmachen (ugs) □ **seit kurzem:** seit kurzer Zeit
ein...gebracht: zur geboren □ **gebeten** < bitten
Taufpate: er trägt das Kind bei der Taufe und übernimmt Verantwortung für es
nächsten Angehörigen: engsten Verwandten
an...teilnahmen: bei der...dabei waren
...bildete: war □ **Schwager:** *beau-frère*

Meine Schwester verschickte nachher an die Teilnehmer des Ereignisses ein Heft, in welchem die Fotos eingeklebt waren, die dieser Freund von der Taufe gemacht hatte. Sie waren numeriert, und wenn man eine haben wollte, konnte man am Schluß des Heftes die dazugehörige Zahl angeben. Mein Blick traf zuerst auf das Bild, das mit der Nummer 12 bezeichnet war. Es zeigte die Patin und mich vor der Kirche, ich trug den Täufling in den Armen, und zwei Schritte hinter mir stand der Mann mit der Glatze und den weißen Handschuhen und blickte mir über die Schulter. Er hatte die Arme verschränkt, aber so, daß man beide Handschuhe sah. Ein Stöckchen, wie es auf der Hochzeitsfotografie meiner Eltern sichtbar war, konnte ich diesmal nicht sehen.

Ich rief sofort meine Schwester an und fragte sie, ob sie den Mann auf diesem Bild kenne. Ihr war er jedoch nicht aufgefallen, und da sie die Fotos nicht zur Hand hatte, telefonierte ich dem, der sie gemacht hatte, nannte ihm die Nummer des Bildes und fragte ihn nach dem Mann im Hintergrund. Er gab mir zur Antwort, auf seinem Abzug sei kein solcher Mann in Hintergrund sichtbar, und auch auf dem Negativ, das er dann auf mein Drängen holte, seien, so sagte er, nur die Patin und ich und der Täufling. Ich schnitt das Bild aus und schickte das Heft wieder zurück.

Am selben Tag beschloß ich, an diesen Tatbestand nicht zu glauben. Trotzdem verschwand der Mann nicht, wie ich heimlich hoffte, von den beiden Bildern, und jeder, dem ich sie zeigte, sah ihn ebenfalls. Ich begann nun auch, was ich früher nie gemacht hatte, mich plötzlich umzudrehen, etwa, wenn ich auf einem Trottoir ging oder einen Platz überquerte, aber auch, wenn ich in einem Kino saß oder in einem Laden etwas einkaufte, und sogar, ja dann fast am

verschickte: schickte, sandte
des Ereignisses < das Ereignis: die Taufe

...dazugehörige Zahl...: konnte man...die Nummer des Bildes (die Zahl, die zu dem Bild gehörte) aufschreiben

Schritte (sg. der Schritt): zB. er geht mit großen Schritten...
blickte...Schulter: sah mir indiskret zu
verschränkt: gekreuzt (schräg übereinander gelegt)

sichtbar: zu sehen

rief...an < jn anrufen

nicht zur Hand...: bereit hatte (sie konnte sie nicht sofort finden oder holen) □ **nannte** < nennen: sagen

Hintergrund: hinten auf dem Bild ≠ Vordergrund: vorne auf...

auf mein Drängen: erst nachdem ich darauf gedrängt hatte, es energisch verlangt hatte
schnitt...aus < ausschneiden: man kann zB. Artikel aus einer Zeitung ausschneiden □ **Tatbestand m(s)**: Tatsache
verschwand < verschwinden
heimlich: im stillen, ohne es auszusprechen, zu sagen
ebenfalls: auch
umzudrehen (< sich umdrehen): er dreht sich um, weil er sehen will, wer hinter ihm geht; was hinter ihm passiert □ **etwa**: zum Beispiel
...überquerte: ...über einen Platz ging
Laden (m): Geschäft (n)

meisten, wenn ich mich allein in einem Raum befand. Das Gefühl, jemand schaue mich an, ergriff mich immer mehr, es kam sogar vor, daß ich nachts im Bett aufschoß und Licht machte, weil ich glaubte, am Fußende sitze einer und blicke unverwandt auf mich. Öfters, wenn ich irgendwo ausstieg, auf einem Bahnhof oder einer Bushaltestelle, war mir, als ob jemand auf mich wartete, und ich mußte mich zuerst lange vergewissern, ob wirklich niemand da war. Ich war in beständiger Erwartung, konnte aber trotzdem nicht daran glauben, daß sie sich in etwas Wirkliches verwandeln würde.

Das ist letzte Woche anders geworden. Als ich auf der hinteren Plattform eines Tramwagens mit dem Rücken an der Scheibe lehnte, hatte ich wieder das Gefühl, beobachtet zu werden, drehte mich um und sah im Anhängerwagen den Mann mit der Glatze und den weißen Handschuhen. Er stand mir gegenüber hinter der Scheibe, und als ich ihn ansah, hob er die rechte Hand und lächelte mir zu. Ich war unfähig, mich zu bewegen und blieb bis zur Endstation im Wagen stehen. Dort stieg ich aus und ging zum Anhänger, aber es war niemand mehr darin.

Seither habe ich keine Angst mehr. Ich weiß, daß ich diesem Mann nicht entkommen werde, und ich weiß auch, daß mir die Begegnung mit ihm, die wirkliche Begegnung, nahe bevorsteht. Wie sie verlaufen wird, weiß ich nicht. Wo sie stattfinden wird, weiß ich nicht. Warum sie sein muß, weiß ich nicht. Was der Mann mit mir vorhat, weiß ich nicht, ich weiß nur, daß kein Zufall möglich ist, ich weiß nur, daß ich persönlich gemeint bin.

...befand (< sich befinden): ...ich allein...war

das Gefühl... ergriff mich (< ergreifen): ...beherrschte mich

kam...vor: geschah (< geschehen) manchmal, passierte □ **aufschoß** < aufschießen plötzlich hochfuhr □ **einer**: ein Mann, jemand

blicke unverwandt: starre mich an, fixiere mich □ **öfters**: oft, mehrmals □ **war mir...**: hatte ich das Gefühl, daß...; kam es mir so vor, als ob...

...mich vergewissern: ...genau nachsehen

beständiger: permanenter □ **...Erwartung**: wartete unruhig und gespannt □ **...verwandeln...**: daß aus ihr etwas Greifbares, Reales werden könnte

ist...anders geworden: hat sich geändert

Scheibe (f): Fensterscheiben sind aus Glas

Anhängerwagen: der zweite Wagen, der an den Triebwagen, in dem sich der Motor befindet, angehängt wird

hob < heben

...war unfähig: war nicht imstande, es war mir nicht möglich □ **bewegen**: zB. wenn man Sport treibt, bewegt man sich viel □ **stieg aus** < aussteigen

seither: seit diesem Vorfall

entkommen: entfliehen zB. der Dieb konnte der Polizei nicht entkommen, sie hat ihn festgenommen □ **Begegnung**: Zusammentreffen □ **nahe bevorsteht**: bald stattfinden wird □ **verlaufen**: zB. das Gespräch ist harmonisch verlaufen

...vorhat: welche Pläne er mit mir hat, was er von mir will

daß...ist: daß es etwas Geplantes ist

...gemeint bin: daß das an mich allein gerichtet ist

Grammaire au fil des nouvelles

Traduisez les phrases suivantes inspirées du texte (le premier chiffre renvoie à la page, les suivants aux lignes) :

Lorsque, il y a quelque temps, *en feuilletant* un album de photos, je tombai sur une photo de mariage *de mes parents,* je m'y attardai (*als* - emploi nominal du verbe pour exprimer la simultanéité - génitif pluriel, 88 - 1,2,3).

Mais il ne m'était pas possible de les regarder tous les deux *comme s'ils* n'avaient rien à voir avec moi, *comme s'ils* n'étaient pas justement *ceux qui* étaient toujours *plus âgés* que moi ; et même si j'avais réussi, ils ne me seraient quand même pas apparus vraiment jeunes, puisque, d'après les vêtements des sujets et d'après leurs gestes, on voyait qu'ils appartenaient à une époque antérieure (*als ob* + subjonctif II - comparatif - conditionnel sans *wenn,* 88 - 7...13).

***Parmi* les autres personnes *je remarquai* principalement un homme qui, tout au bord de l'image, *était assis* sur un petit banc de pierre sous un arbre** (emploi de *unter* - construction de *auffallen* - locatif, 88 - 29...31).

Comme je *ne* me rappelais *pas* avoir *jamais* vu cet homme en relation avec mes parents je décidai... (absence de double négation en allemand, 90 - 6...9).

Probablement, dit-il, *c'était* un promeneur qui *était passé* par hasard, *s'était assis* sur le petit banc, puisque la chapelle *se trouvait* à un joli endroit, *était* souvent fréquentée et *était* le but d'un sentier de randonnée (emploi du subjonctif I au discours indirect, 90 - 15...19).

Je téléphonai immédiatement à ma sœur et lui demandai *si* elle *connaissait* l'homme de la photo ('si' interrogatif indirect - emploi du subjonctif I au discours indirect, 94 - 15,16).

***Depuis* je n'ai plus peur** ('depuis' adverbe, 96 - 22).

ICH SPERBER

Gabriele Wohmann (1932 geb.)

Gabriele Wohmann, Tochter eines Pastors, studierte Germanistik, Romanistik, Philosophie und Musik und arbeitete einige Zeit als Lehrerin. Sie gilt als Meisterin der deutschen Kurzgeschichte der 60iger und 70iger Jahre.

1958 erschien ihr erster Erzählband "Mit einem Messer", 1966 die Sammlung "Ein unwiderstehlicher Mann" (Rororo Taschenbuch), der auch "Ich Sperber" entnommen ist.

In den Sammlungen "Ländliches Fest" (1968), "Böse Streiche" (1977), "Paarlauf" (1979), "Stolze Zeiten" (1981) sind die meisten ihrer Geschichten zusammengefaßt.

Sie kreisen wie auch ihre Romane und Gedichte kreisen um die Verlogenheit der Beziehungen und Verhaltensweisen in Liebe, Familie und Gesellschaft. Mit manchmal grausamer Schärfe und Beobachtungsgabe beschreibt sie in prägnantem satirischem Stil den Egoismus und die psychologischen Machtkämpfe, die sich als Liebe tarnen.

» Wie heißt du ? « fragt die Lehrerin den letzten in der Fensterbankreihe. Sie spürt wieder stärker das Lauern in der Klasse. Sie geht durch den schmalen Gang, stellt sich vor die letzte Bank. » Wie heißt du ? Ich habe dich was gefragt, hast du verstanden ? «

» Sperber «, sagt das Kind, ohne den Blick vom Fenster weg auf die Lehrerin zu richten.

Die Klasse raunt, das Lauern löst sich, Schuhsohlen scharren, die Hosenböden werden übers Holz gewetzt.

» Und mit Vornamen ? «

» Sperber. «

Das Kind in der letzten Bank blickt nicht unfreundlich auf die Lehrerin, wendet sich wieder zum Fenster. Von den fast schon laublosen, fadendünnen Birkenzweigen hüpfen Spatzen und Nonnenmeisen auf die Fensterbrüstung, der gefräßige Kernbeißer läßt sich nicht von ihnen vertreiben.

» Du mußt doch einen Vornamen haben. « Die Lehrerin starrt das Kind an. Sie hat den Eindruck, als balle sich hinter ihrem Rücken, den sie steif und warm spürt, die Kraft der Klasse. Sie beugt sich zu dem Kind hinunter : » Ganz gewiß hast du einen Vornamen, einen richtig netten, hübschen Vornamen. «

Das Kind dreht mit Anstrengung den Kopf zur Lehrerin. Die Lehrerin starrt in sein weißes sanftes abwesendes Gesicht, ihre flehenden Augen tasten es ab, suchen darin herum.

» Sperber. Nur Sperber. «

Gelächter springt auf, neben ihr, hinter ihr. » Nun gut. Dann eben Sperber. Du weißt nicht, was ein

letzten ≠ ersten
spürt: fühlt □ **Lauern**: zB. die Katze lauert auf den Vogel
schmal = eng ≠ breit □ **Gang**: der freigelassene Platz zwischen den Bankreihen, wo man durchgehen kann

Sperber: *épervier* □ **ohne...richten**: ohne die Lehrerin anzusehen

raunt: murmelt □ **löst sich**: hört langsam auf
scharren: laut kratzen □ **übers** = über das □ **Holz**: die Bänke sind aus Holz □ **gewetzt** < wetzen: die Kinder sind sehr unruhig, sie wetzen auf den Bänken hin und her

freundlich: nett, höflich
wendet sich: dreht sich...
laublos: kahl, ohne Blätter □ **fadendünn**: dünn wie Fäden □ **Birkenzweige**: *branches de bouleau* □ **Spatzen**: *moineaux* □ **Nonnenmeisen**: *mésanges nonnettes* □ **gefräßige**: der viel frißt □ **Kernbeißer**: *gros-bec* □ **läßt...vertreiben**: läßt...verjagen (er bleibt da)
starrt...an: fixiert □ **...Eindruck**: es scheint ihr... □ **balle sich**: konzentriere sich □ **steif** ≠ elastisch □ **Kraft**: Energie
beugt...hinunter: damit ihr Kopf neben dem des Jungen ist
richtig (ugs): wirklich
hübschen ≠ häßlichen
Anstrengung (< sich anstrengen): der Junge muß sich anstrengen, denn es fällt ihm schwer... (ist schwierig für ihn) □ **sanft** ≠ brutal
abwesend: er denkt an etwas anderes □ **flehenden** < flehen: *supplier*

Gelächter: Lachen □ **springt auf**: ist plötzlich zu hören
dann eben: gut, also

Vorname ist. Du bist nicht besonders gescheit. Vielleicht heißt du Hans Sperber.«

Auf dem Götterbaumast, der vor das letzte Fenster gekrümmt ist, hat ein Star sich niedergelassen. »Oder Theobald Sperber, Franziskus Sperber. Irgend etwas Besonderes, du willst es nicht jedem verraten.«

Das Kind blickt auf den Ast. Der Star wippt, bebt vor Erwartung. Endlich ein größerer Vogel: sogar ein Perlstar. Ist er mit Leinsamen und Hanf nicht zufrieden, weil er sich nicht heranwagt? Wie kann er sich nur vor dem winzigen Gewirr der Meisen fürchten: schwarz und langgestreckt und groß. Das Kind beschließt, den kleinen Vögeln einen anderen Futterplatz einzurichten. Stare und Amseln könnten bei ihm landen. Aber erst der Sperber!

Die Klasse lacht, wartet. Die Lehrerin steht vor dem Kind. »Aha. Du hast dir was Lustiges ausgedacht, willst mich anführen.«

»Eine gesperberte Brust«, sagt das Kind. »Weiß mit schwarzen Streifen. Ich bin der Sperber. Ich habe die Sperberbrust, alle Merkmale.«

Stimmen kreischen aus dem brodelnden Lachen.

»Aber jeder Spaß hat einmal ein Ende.«

Der erste Grünling dieses Vormittages schaukelt auf dem Birkenzweig. Mohn und Kolbenhirse muß es in Zukunft streuen. Der Grünlig hat seine Scheu überwunden, flappt zwischen die Meisen; aber er fliegt davon, bevor er den Mut fassen konnte, sich ein Korn zu picken. Der Ast am Götterbaum ist wieder leer. Vor allem müssen Ameisenpuppen und Fliegenlarven besorgt werden. Später dann lebende Insekten. Es muß langsam und gründlich vorbereitet werden. Und soll man überhaupt den Sperber bis an

gescheit = intelligent, klug

Götterbaumast: Ast des Götterbaumes: *ailante*
gekrümmt ≠ gerade, aufrecht □ **Star:** *étourneau* □ **niedergelassen:** hingesetzt □ **etwas Besonderes:** Spezielles ≠ Gewöhnliches, Alltägliches □ **verraten:** sagen: er will sein Geheimnis nicht verraten □ **wippt:** schaukelt leicht □ **bebt vor Erwartung:** zittert, vibriert weil er so gespannt und aufgeregt wartet □ **Perlstar:** *étourneau, sansonnet* □ **Leinsamen:** *graines de lin* □ **Hanf:** *chanvre*
...heranwagt: er wagt sich nicht her, hat Angst näher zu kommen
winzigen = sehr kleinen ≠ riesigen □ **Gewirr:** Durcheinander ≠ Ordnung □ **langgestreckt:** sehr lang (< strecken) □ **beschließt:** faßt den Plan □ **...einzurichten:** einen Platz vorzubereiten, wo sie im Winter fressen können □ **Amseln:** *merles* □ **landen** ≠ starten: Flugzeuge landen am Flugplatz

was (ugs) = etwas □ **ausgedacht** < sich etw. ausdenken
...anführen: du willst mir einen Streich spielen
Brust: *poitrine*
Streifen: zB. das Zebra hat schwarze und weiße Streifen
Merkmale: die typischen Zeichen
Stimmen kreischen: man hört unangenehmes Schreien □ **brodelnd:** unruhig, kochend
Grünling: *verdier* □ **schaukelt...:** weil sich der Zweig bewegt
Mohn: *pavot* □ **Kolbenhirse:** eine Hirseart (*mil*)
streuen: im Winter streut man den Vögeln Futterkörner □ **Scheu:** Schüchternheit □ **überwunden** < überwinden: besiegen □ **bevor...picken:** bevor er mutig genug war, ein Korn zu fressen
Ameisenpuppen: *chrysalides (de fourmis)*
besorgt werden: müssen gesucht und gefunden werden: zB. ich brauche dieses Buch, ich muß es besorgen (kaufen) □ **gründlich:** sehr genau und sehr gut

die Schulfenster locken? Wird er sich mit dem, was man ihm da bieten kann, zufriedengeben? In läppischer Meisengesellschaft? »Also, ja, ja, ja«, sagt die Lehrerin, »es ist ein sehr lustiger Streich, den du dir da ausgedacht hast, du komischer kleiner Sperber.« Sie dreht sich von dem Kind weg, geht den Gang zwischen den Bänken hinauf bis an ihren Tisch, stellt sich vor die Klasse. »Spaß muß sein. Nicht alle Erwachsenen sind Spielverderber.«

»Er meint, er wär' ein Vogel«, ruft jemand von der Türreihe her.

Die Lehrerin hat Lust, mit beiden ausgestreckten Armen aus der Unruhe eine Fläche zu schaffen, glättend, auf der Unruhe mit langgespanntem, endlich besänftigtem Körper dahinzugleiten, zu schwimmen. Sie vermeidet es, nach dem Kind auf der letzten Bank am Fenster zu sehen, aber in einem Winkel ihres Blickes kann es nicht verlorengehen, dort beharrt es darauf, ihren Zorn festzunageln mit seinem kleinen hartnäckigen Rücken, dem sanft und eindringlich weggewandten Gesicht.

Wann wird der Sperber aus dem Stechfichtenversteck herausschlagen, das vom Fenster aus wie Wolle wirkt, obwohl die Entfernung nicht groß ist, fünfzig, sechzig Meter vielleicht, doch die Herbstluft macht alles undeutlich. Der Herbst hängt in Netzen vom Himmel, die Vögel kräftige schwarze Flecke darin. Wann wird der Sperber kommen, von Ast zu Ast im kahlen Götterbaum schrecken? Wird es erst im Frühjahr gelingen, ihn anzulocken, wenn es Forsythien gibt und Heckenkirschenknospen? Wird es Erfolg haben, ihm Nester in Bocksdorn und Schneebeerenbusch vorzubereiten? Nein, es wird nicht genügen. Man wird für ihn töten müssen, das wird nötig sein.

Die Lehrerin schlägt das Buch auf, fragt in die

locken: etw. tun, damit er kommt
was...kann: was man für ihn hat, ihm geben kann □ **läppisch**: dumm, kindisch □ **Meisengesellschaft**: unter den Meisen, mit den Meisen um ihn herum □ **Streich**: Scherz, Spaß: manche Kinder spielen den Eltern gern Streiche □ **komischer**: merkwürdiger, seltsamer

Erwachsene ≠ Kinder □ **Spielverderber**: jemand, der den anderen die Freude am Spiel verdirbt □ **meint** = glaubt
Türreihe: die Reihe der Bänke auf der Seite, wo die Türe ist
ausgestreckt: zB. der Hund liegt ausgestreckt in der Sonne
aus...schaffen: daraus eine ruhige, Wasserfläche zu machen
langgespanntem = gestrecktem □ **besänftigtem**: beruhigtem
dahinzugleiten: zB. mit Skiern über den Schnee gleiten □ **vermeidet...**: will nicht zu ihm hinsehen
Winkel: zB. ein rechter Winkel hat 90°
beharrt...: besteht darauf □ **festzunageln**: wie mit Nägeln festzumachen □ **hartnäckigen**: beharrlichen, eigensinnigen ≠ nachgiebigen □ **weggewandten**: weggedrehten
aus...herausschlagen: sich nicht mehr verstecken und herausfliegen
wirkt: aussieht
die...ist: obwohl es nicht weit weg ist
undeutlich ≠ klar
Netze: darin fangen Fischer Fische □ **kräftige...darin**: starke, tiefschwarze Stellen
kahl: im Herbst verlieren die Büme ihre Blätter, sie werden kahl
es...gelingen: Erfolg haben, möglich sein
Heckenkirschenknospen: *boutons de chèvrefeuille*
Nester: Vögel legen ihre Eier in Nester □ **Bocksdorn m.**: *lyciet*
Schneebeerenbusch m.: *symphorine*
nötig... = notwendig sein, man wird es tun müssen
schlägt...auf: macht...auf

Klasse: »Was habt ihr denn zuletzt gemacht? Jetzt erzählt mir mal, was euer früherer Lehrer mit euch Schönes gelesen hat.«

Und vor allem Wacholder. Es muß eine ganze Hecke gepflanzt werden. Dicht und schwarz muß sie sein, eine Wacholdermauer. Drosseln werden darin wohnen, man wird sie opfern müssen. Der Garten muß voller Vögel sein, voller Schlafbüsche und Mäuseschlupfwinkel. Der Sperber wird den Tisch gedeckt finden. Die Lehrerin steht vor der scharrenden Klasse.

»Bringen Sie's ihm doch mal bei, daß er kein Vogel ist!«

»Er ist ja verrückt!«

So lang der dunkle weggewandte Rücken nicht aus dem Winkel ihres Blickes getilgt ist, kann sie mit der Klasse nichts anfangen.

»Also gut«, ruft sie, »der Unterricht ist für heute beendet. Den Sperber« — sie hatte ihre Stimme schraubend in die Höhe gezogen und wieder fallengelassen —, »das Raubvögelchen, werd' ich nach Hause bringen und seiner Mutter übergeben. Wahrscheinlich hat er Fieber, das kommt auch mal bei Sperbern vor.«

Die Hand der Lehrerin zerrt das Kind aus der Bank, es dreht sich noch zurück nach dem Stieglitzschwarm, der ins Goldrautendickicht hinter dem Schulgarten fällt.

»Na, kleiner Sperber«, sagt die Lehrerin, »jetzt kommen wir bald ins warme Bettchen, das wird gut tun.«

»Ich muß neue Mausefallen stellen. Und ich brauche tote Kleinvögel. Wie kriegt man tote Kleinvögel?« fragt das Kind.

Die Lehrerin nimmt sich vor, es nicht dabei bewenden zu lassen, das Kind bei der Mutter abzuliefern; sie wird dem

zuletzt: als letztes
euer früherer...: der Lehrer, den ihr hattet, bevor ich gekommen bin
Wacholder m.: *genièvre*
gepflanzt < pflanzen: zB. wir haben im Garten Salat gepflanzt
Wacholdermauer: Mauer aus Wacholder □ **Drosseln**: *grives*
opfern: Abraham wollte Isaak opfern
Schlafbüsche: Büsche, Sträucher zum Schlafen □ **Mäuseschlupfwinkel m.**: kleine Verstecke für die Mäuse (in die Mäuse hineinschlüpfen können)
bringen...bei: erklären Sie ihm

verrückt ≠ normal

getilgt: endgültig (definitiv) weg □ **kann...anfangen**: kann sie mit der Klasse nichts machen
Unterricht: ein Lehrer unterrichtet
schraubend < schrauben: *visser*

Raubvögelchen: kleiner Raubvogel; ein Raubvogel frißt kleinere Vögel und andere kleine Tiere
kommt...vor: kann passieren
zerrt: zieht grob, brutal
Stieglitzschwarm: *vol de chardonnerets*
Goldrautendickicht: *broussailles de verges d'or*

wird gut tun: wird angenehm sein
Mausefallen: mit Fallen kann man Tiere fangen

nimmt...vor: will später □ **es...lassen**: noch etw. Weiteres zu unternehmen (tun) □ **...abzuliefern** (ugs): zur Mutter zu bringen

Schulleiter Bescheid geben; es ist womöglich nicht ganz normal.

Die Frau in der Haustür betrachtet die Lehrerin und das Kind, dans hockt sie sich hin, spannt die Arme aus.

» Komm hereingeflogen ! « Sie flüstert an dem Kind vorbei mit der Lehrerin : » Seit Wochen schon ! Was soll man tun ? «

» Ich werde den Schulleiter fragen «, sagt die Lehrerin, sie kauert sich neben die beiden. » Warum bist du ausgerechnet so ein böser Raubvogel, warum nicht eine liebe kleine Blaumeise, warum nicht ? Du bist doch viel lieber und viel braver als all deine Freunde in der Klasse, weißt du das nicht ? Viel sanfter und kleiner. «

» Du bist doch mein lieber kleiner Fink, meine winzige Meise «, sagt die Mutter, sie setzt die Wörter voneinander ab, pappt in den Zwischenräumen Küsse auf seine weiße Backe.

» Nein, alle kleinen Vögel, alle Mäuse und Insekten werde ich töten, ich Sperber. «

Schulleiter : Direktor □ **Bescheid geben** : informieren □ **womöglich** : vielleicht, möglicherweise
betrachtet : sieht sie an
hockt : setzt sich nicht ganz nieder □ **spannt...aus** : streckt die Arme aus wie ein Vogel seine Flügel □ **flüstert** : spricht ganz leise ≠ schreit

kauert... : setzt sich und macht sich klein

braver : netter, ruhiger

Fink : *pinson*
setzt...ab : macht nach jedem Wort eine Pause
pappt : klebt □ **Zwischenräumen** : in den kleinen Pausen
Backe = Wange

Grammaire au fil des nouvelles

Traduisez les phrases suivantes inspirées du texte (le premier chiffre renvoie à la page, les suivants aux lignes) :

'Épervier', dit l'enfant, *sans quitter* la fenêtre des yeux pour regarder la maîtresse (infinitive, 100 - 6).

Elle a l'impression *que* derrière son dos se concentre... l'énergie de la classe (subjonctif I avec *als,* 100 - 20).

L'étourneau se balance légèrement et tressaille *d'*impatience (verbe de sensation + *vor,* 102 - 7,8).

Et l'épervier donc ! (102 - 14).

Mais il s'envole *avant de trouver* le courage de picorer une graine (subordonnée avec *bevor,* 102 - 27).

***Se contentera*-t-il *de ce qu'*on pourra lui offrir ?** (relative avec préposition - régime du verbe, 104 - 1).

***Tous* les adultes *ne sont pas* des rabat-joie** (négation, 104 - 8).

Il pense qu'il est un oiseau (discours indirect : possibilité d'emploi du subjonctif II, 104 - 9).

***Quand* l'épervier viendra-t-il ?** (pronom interrogatif, 104 - 25).

Réussira-t-on à l'attirer *seulement* au printemps, quand il y a des forsythias... (régime de *gelingen* - 'seulement' temporel - 104 - 26,27).

Et j'ai *besoin de petits* oiseaux morts (régime de *brauchen,* 106 - 28).

Que faire ? (emploi de *sollen,* 108 - 6,7).

Tu es *pourtant* beaucoup *plus* gentil et sage *que* tous tes amis en classe (comparatif, 108 - 11).

Non, *tous les petits oiseaux,* toutes les souris et tous les insectes, je les tuerai, *moi* l'épervier (*alle ;* place du noyau verbal, 108 - 18,19).

ENTFREMDUNG

Marlen Haushofer (1920-1970)

Marlen Haushofer, Tochter eines Försters aus Oberösterreich, studierte während des Krieges in Wien und Graz Germanistik. Mit einem Zahnarzt verheiratet, lebte sie von 1947 an in Steyer. Sie war Hausfrau, arbeitete als Sprechstundenhilfe ihres Mannes und schrieb daneben Romane und Erzählungen.

1968 erhielt sie den Österreichischen Staatspreis für Literatur, blieb aber zu Lebzeiten wenig beachtet und wurde erst Anfang der 80iger Jahre wirklich entdeckt.

Hauptthema ihres Werkes, das viele autobiographische Elemente enthält und große innere Nähe zur Natur zeigt, ist die Selbstentfremdung der Frau, die eingeengt durch familiäre und gesellschaftliche Aufgaben nicht ihr eigenes Leben lebt.

Die Novelle "Wir töten Stella" aus dem Jahr 1958 (1985 bei Claasen neu erschienen) und die Romane "Die gläserne Wand" (1963) und "Die Mansarde" (1969) gehören zu ihren bedeutendsten Werken.

Zunächst fiel es Georg Sailer gar nicht auf, daß Hedwig zwei Wochen lang nichts von sich hören ließ. Vergraben in Berge von Akten — er war ein außerordentlich beschäftigter Anwalt — nahm er ihr Nichterscheinen hin, ohne darüber nachzudenken. Seit acht Monaten pflegte Hedwig ihn einmal wöchentlich zu besuchen, und in dieser Zeit hatte sie niemals auch nur die leiseste Spur von Launenhaftigkeit gezeigt. Irgendein unerwartetes Ereignis mochte eingetreten sein, Besuch, eine leichte Erkrankung der Kinder oder ähnliches.

Georg Sailer liebte Hedwig, sosehr es seine Geschäfte und seine vorsichtige Natur erlaubten, sogar ein wenig heftiger, aber das wußte er selbst nicht. Erts als auch die dritte Woche verstrichen war, fing er an unruhig zu werden. Die letzten Tage der Woche waren aber so mit Arbeit vollgepreßt, daß er sich dieser Unruhe erst am Sonntagmorgen bewußt wurde.

Sie ist also wieder nicht gekommen, dachte er und starrte auf sein Spiegelbild. Er legte den Rasierpinsel hin und setzte sich auf den Rand der Badewanne. Systematisch begann er ihr letztes Beisammensein noch einmal durchzugehen. Hatte sie irgend etwas Ungewöhnliches gesagt oder getan, und wie hatte er selbst sich benommen? Aber er wußte ganz sicher, es hatte nicht die leiseste Verstimmung gegeben. Im Gegenteil, der Abend war ihm als besonders reizend und erfreulich in Erinnerung geblieben. Seither waren also mehr als drei Wochen vergangen, ohne daß Hedwig sich gemeldet hatte. Irgend etwas war an dieser Sache nicht geheuer. Er konnte nun den Dingen ihren Lauf lassen. Kam Hedwig wieder, sollte es ihm recht sein, kam sie nicht, blieb ihm vielleicht ein weit unangenehmeres Ende dieser Episode erspart. Wie alle Männer haßte er

zunächst: zuerst □ **fiel...auf**: bemerkte es nicht
vergraben...: sehr viel und intensiv arbeitend
Akte f.(n): *dossier* □ **außerordentlich** = sehr
beschäftigter Anwalt: ein Advokat mit vielen Klienten □ **nahm...hin**: akzeptierte, daß sie nicht kam □ **pflegte...zu besuchen**: kam regelmäßig einmal in der Woche zu ihm
niemals...von...: gar keine, nicht ein bißchen
Launenhaftigkeit < launenhaft = kapriziös □ **unerwartetes...sein**: etw. das man nicht vorhersehen konnte, war vielleicht passiert

seine Geschäfte: seine Arbeit

heftiger: stärker, intensiver
verstrichen (< verstreichen): vergangen □ **unruhig**: nervös

vollgepreßt...: ausgefüllt
...sich...bewußt wurde: daß er diese Unruhe ...bemerkte
starrte: fixierte (mit dem Blick)
Spiegelbild: sein eigenes Bild im Spiegel □ **Rasierpinsel**: *blaireau*
Rand ≠ Mitte
...Beisammensein...durchzugehen: ...Zusammensein (die Stunden, die sie... beisammen waren), in Gedanken Revue passieren zu lassen □ **sich benommen** < sich benehmen: sich verhalten
...Verstimmung: den kleinsten Streit, die geringste Gereiztheit

erfreulich: angenehm □ **seither**: seit diesem Abend

sich gemeldet hatte: ...etw. von sich hatte hören lassen
nicht geheuer ≠ normal □ **er...lassen**: er konnte abwarten, nichts unternehmen □ **sollte...sein**: so war er es zufrieden
weit...: viel...
haßte ≠ liebte

nichts mehr, als einer Frau schonend beizubringen, daß seine Gefühle für sie erloschen waren.

Während er so auf dem Rand der Wanne saß, wurde ihm aber klar, daß er keineswegs schon genug hatte von Hedwig, und der Gedanke, er werde ihr Gesicht vielleicht nie wieder sehen und ihr Lachen nie mehr hören, versetzte ihn, zu seinem eigenen Staunen, in leise Panik.

Besonders ihr Lachen hätte er vermißt. Dieses Lachen das nicht einer animalischen Lebensfreude entsprang, sondern immer klang, als sei sie soeben atemlos einer Gefahr entronnen und könne es noch gar nicht fassen, glücklich gerettet zu sein. Manchmal hatte ihn dieses Lachen ernstlich gerührt. Offenbar war es Hedwig lange Zeit nicht gut gegangen, er wußte natürlich nichts Näheres darüber, denn sie hatten, schon aus Zeitmangel, nie darüber gesprochen.

Wahrscheinlich hatte er sich überhaupt viel zuwenig um sie gekümmert. Er nahm sich vor, das nachzuholen, obgleich er nicht recht wußte, wann und wie, denn es war ja vorauszusehen, daß er doch wieder nicht Zeit und Gelegenheit dazu finden werde.

Er konnte Hedwig erst am nächsten Tag anrufen, da am Sonntag ihr Mann zu Hause war, und so beendete er verstimmt seine Toilette und ging ins nächste Kaffeehaus.

Über den Morgenzeitungen vergaß er Hedwig vollkommen.

Am nächsten Tag kam er erst gegenelf Uhr dazu, Hedwig anzurufen. Sie suchte ein paar Minuten nach lahmen Entschuldigungen für ihr Ausbleiben und Georg wollte schon verärgert den Hörer auflegen, als sie, wie nach plötzlichem Entschluß, ihren Besuch noch für denselben Abend ansagte.

schonend beizubringen: vorsichtig zu erklären
Gefühle...waren (geh.): daß er sie nicht mehr liebte

keineswegs schon...: absolut noch nicht

versetzte ihn...in: machte ihm Angst

hätte er vermißt: ...hätte ihm gefehlt
einer...entsprang: aus...kam
klang < klingen: zB. das klingt wie Musik □ **atemlos**: *essoufflé*
...entronnen (< entrinnen): ...gerade noch entkommen □ **...nicht fassen**: ...nicht glauben...
ernstlich: wirklich □ **gerührt**: *ému* □ **offenbar**: anscheinend
nichts Näheres: nichts Genaueres, nicht mehr, keine Details
aus Zeitmangel: weil sie keine Zeit hatten

nachzuholen < nachholen: etw., das man nicht sofort gemacht hat, später tun □ **obgleich** = obwohl
ja: doch □ **...vorauszusehen**: es war schon vorher gewiß, sicher
Gelegenheit: zB. morgen ist sein Geburtstag, das ist eine gute Gelegenheit, ihm einmal ein Geschenk zu machen

verstimmt: leicht verärgert
über...vergaß: die Morgenzeitungen interessierten ihn so sehr, daß er Hedwig vergaß □ **vollkommen**: gänzlich, total
kam...dazu < dazukommen: für etw. Zeit finden
lahmen ≠ glaubhaften, plausiblen
Ausbleiben < ausbleiben: nicht kommen
verärgert: ein bißchen böse
Entschluß: *décision*
ansagte: ...sagte, daß sie am gleichen Abend kommen würde

Der Tag brachte übrigens eine Menge Ärger mit sich, und als Georg um sieben Uhr abends in seinen Wagen stieg, fühlte er sich so leer und ausgehöhlt wie nach einer unmenschlichen Anstrengung. Den ganzen Tag lang hatte er verhandelt, telephoniert, Briefe diktiert, Akten gelesen, und es war sowenig oder, besser gesagt, gar nichts dabei herausgekommen, daß er den Tag hätte im Bett und schlafend verbringen können.

Wie immer besserte sich aber auch heute seine Laune während des Fahrens. Die Tatsache, daß er mit seinen großen, geschickten Händen den Wagen so sicher durch den auf und nieder brandenden Verkehr lenkte, verschaffte ihm die Illusion, etwas Vernünftiges und Nützliches zu tun, eine Arbeit, die Sinn hatte und sei es auch nur den, ihn eine Strecke Weges weiterzubefördern.

Hedwig erschien ein wenig verspätet, auch sie erschöpft von einem langen Tag. Ihr Gesicht zwischen seinen Händen haltend, fand Georg, sie sehe verändert aus. Es war Hedwigs vertrautes Gesicht, aber doch wiederum ein ganz fremdes. Es mochte aber auch an ihm selbst liegen. Plötzlich hatte er das Gefühl, es sei ein unerhörtes Wagnis, sich auch nur dreieinhabl Wochen von einem Menschen zu entfernen, den man zu lieben glaubte.

Als er sie küßte, schien es ihm, sie starre ihn erschrocken an.

»Georg«, sagte sie, »ich könnte es natürlich dabei bewenden lassen, daß ich einfach zu kommen verhindert war. Du würdest mir sogar glauben oder zumindest nach den alten Spielregeln so tun, als glaubtest du, aber ich sehe nicht ein, warum ich dich heute zum erstenmal belügen sollte. Du wirst zwar letzten Endes wahrscheinlich wünschen, ich hätte dir diese Geschichte nie erzählt,

brachte < bringen □ **eine Menge**: viel
stieg < steigen
leer ≠ voll □ **ausgehöhlt**: kraftlos (ohne Energie)
unmenschlich: übergroß □ **Anstrengung** < anstrengen: zB. ich muß mich sehr anstrengen, weil diese Arbeit sehr schwer ist □ **verhandelt**: *négocié* □ **...dabei herausgekommen**: das hatte nichts gebracht, war umsonst gewesen

besserte: wurde besser

geschickt: zB. ein Jongleur muß sehr geschickt sein
auf...brandend: zB. die Wellen des Ozeans branden auf... □ **verschaffte**: gab □ **Vernünftiges**: Sinnvolles
sei...den: wenn es auch nur den einen Sinn hatte, nicht mehr war als... □ **weiterzubefördern**: weiterzubringen, weiterzutransportieren □ **verspätet**: später als sie gesagt hatte □ **erschöpft**: sehr, sehr müde
verändert: anders als vorher
vertraut: ihm gut bekannt (≠ fremd) □ **aber...wiederum**: und dennoch □ **es...liegen**: es lag vielleicht an ihm
unerhörtes Wagnis: sehr großes Risiko

sich zu entfernen: wegzugehen
erschrocken: in plötzlicher Angst

...dabei bewenden lassen: nichts weiter erklären oder tun
...verhindert war: nicht kommen konnte
zumindest: wenigstens
sehe...ein: verstehe nicht
belügen: nicht die Warheit sagen
letzten Endes: schließlich

außerdem wirst du dich langweilen — alle Geschichten, in denen wir nicht selbst vorkommen, langweilen uns ja. Noch dazu ist es gar keine wirkliche Geschichte, sondern nur ein Traum. Aber da dieser Traum mich dazu bewogen hat, nicht mehr zu dir zu kommen, sollst du ihn auch hören.

Wie du weißt, hab'ich die schlechte Gewohnheit, wenn ich übermüdet bin, Schlafpulver zu nehmen; an jenem Abend, ich erinnere mich deutlich, hab' ich aber keines gebraucht.

Ich muß ganz übergangslos eingeschlafen sein. Jedenfalls befand ich mich plötzlich in einem winzigen Zimmer im dritten Stock eines großen häßlichen Zinshauses. Eigentlich war das Zimmer nur eine Kammer, in der es nichts gab als ein zerlumptes Bett. Dieses Bett stand vor einem breiten Fenster und ich konnte, darauf kniend, einen mittelgroßen Platz überblicken, begrenzt von mächtigen Häusern im Stil der achtziger Jahre. Das protzigste dieser Gebäude, am anderen Ende des Platzes, trug in goldenen Buchstaben die Inschrift "Palast-Hotel".

Ich sah also auf diesen fremden und doch vertrauten Platz hinaus, sah die Passanten, die Autos, eine Straßenbahn und kleine Schwärme von Tauben, die von einem Fenstersims zum anderen flatterten.

Es mußte Sommer sein, nach den kümmerlichen Bäumen zu schließen; der Himmel war von einem stählernen Blau, aber ich konnte die Sonne nicht sehen. Das Licht, ein kaltes weißes Licht, schien viel eher von den Mauern der Häuser auszugehen.

Dieser steilgewölbte Himmel ohne Sonne hatte etwas Trauriges und Beklemmendes. Ich erinnerte mich, daß meine Kinder zu irgendwelchen Freunden spielen gegangen

langweilen: man langweilt sich, wenn man etw. uninteressant findet □ **ja**: nämlich □ **noch dazu**: überdies

dieser...dazu bewogen hat: ...mich veranlaßt hat, der Grund dafür war
Gewohnheit: zB. Rauchen ist eine schlechte Gewohnheit
Schlafpulver: Schlaftabletten
deutlich: genau

übergangslos: direkt
befand ich mich: war ich □ **winzig**: sehr klein
Stock: Etage □ **häßlichen** ≠ schönen □ **Zinshaus**: großes altes Haus, mit Mietwohnungen
zerlumptes...: ...mit zerrissener, Decke usw
kniend: *à genoux*
mittelgroß: weder groß noch klein □ **begrenzt**: umgeben □ **mächtigen**: sehr großen, majestätischen
protzig (abw) (ugs): *ostentatoire* □ **Gebäude**: großes Haus
trug < tragen □ **Buchstaben**: das Alphabet hat 26 Buchstaben

fremd ≠ vertraut

Schwärme...: Vogelschwärme (in Gruppen fliegende Vögel) □ **Tauben**: größere in der Stadt lebende Vögel
kümmerliche: kleine und schwache
stählern: aus Stahl (die Situation der Stahlindustrie, nicht nur in der Lorraine, ist katastrophal)
viel eher...auszugehen: viel mehr ...zu kommen

steilgewölbte: sehr hoch aussehende (< steil + gewölbt)
etw. Beklemmendes: etw., das Angst macht
irgendwelchen...: sie weiß nicht genau zu welchen

waren und mußte mit Gewalt den Gedanken verscheuchen, es könne ihnen eine Gefahr drohen.

In diesem Moment entdeckte ich meine Zimmergenossin, ein halbwüchsiges Mädchen, das man, wie mir plötzlich einfiel, meiner Obhut anvertraut hatte. Ein wenig unordentlich, mit lichtem, verwirrtem Haar über den hellblauen Augen, stand es vor mir und fragte: ” Warum kann man die Sonne nicht sehen?“

Aus irgendeinem Grund schien es mir gefährlich, das Fehlen der Sonne zuzugeben, und so verwickelte ich das Mädchen in ein belangloses Gespräch. Es gelang mir auch tatsächlich, sie abzulenken. Ich hatte erreicht, daß sie jetzt, auf dem Bett liegend, nur mich sehen konnte, während ich noch immer den Platz überblickte.

Und dann sah ich den großen Hahn. Er mochte schon die ganze Zeit hindurch auf dem Gehsteig gestanden sein, ich hatte nur nicht in diese Richtung geschaut. Übermannsgroß, auf federbehosten schillernden Beinen, mit purpurrotem Kamm und schwarzem Schnabel stand er ganz ruhig und sah unsagbar fremd und prächtig aus.

Das Mädchen hatte sich aufgerichtet und klatschte entzückt in die Hände. ”Wie schön“, rief sie, ”wie schön.“ Da ging ein kleiner Junge vorüber, die Schultasche auf dem schmächtigen Rücken, die Augen gesenkt, wie sich eben schüchterne kleine Jungen aus der Schule heimtrollen.

Der große Hahn neigte sich, faßte den dünnen Hals des Kindes mit dem schwarzen Schnabel und stolzierte, den zuckenden, strampelnden Körper hin und her schlenkernd, über den Platz und verschwand im ”Palast-Hotel“. Nichts blieb zurück als die kleinen Brillen des Jungen, die auf dem

...mit...verscheuchen: mußte mich dazu zwingen...zu verjagen, zu vertreiben □ **Gefahr** ≠ Sicherheit □ **drohen:** *menacer*
entdeckte: sah ich plötzlich
ein halbwüchsiges...: es ist kein Kind mehr aber auch noch nicht erwachsen □ **einfiel** < einfallen □ **...Obhut anvertraut:** damit ich auf es aufpasse □ **verwirrtem:** ungekämmtem

schien es mir...: kam es mir...vor
zuzugeben: zB. er will seinen Fehler nicht zugeben □ **verwickelte...:** *entraînai...* □ **belanglos:** banal, unwichtig
tatsächlich: wirklich □ **abzulenken:** ich konnte sie dazu bringen, an etw. anderes zu denken □ **ich...erreicht:** es war mir gelungen
...überblickte: über...sehen konnte
Hahn: das Symbol für Frankreich ist der gallische Hahn
Gehsteig...sein (österr.): Gehweg...haben
in diese Richtung: dorthin
übermannsgroß: größer als ein Mann □ **schillernd:** irisierend
Kamm: Hähne haben einen roten Kamm auf dem Kopf □ **Schnabel:** Vögel fressen mit dem Schnabel □ **prächtig:** wunderschön □ **aufgerichtet:** aufgesetzt □ **klatschte...Hände:** wie beim Applaudieren □ **entzückt:** begeistert, enthousiastisch

schmächtigen: mageren, schmalen □ **die...gesenkt:** sah nach unten
schüchterne: *timides*
heimtrollen: nach Hause gehen
neigte sich: senkte den Kopf □ **faßte:** nahm (energisch)
stolzierte: ging sehr stolz, arrogant
strampeln: zB. Babies strampeln mit den Beinen □ **hin...schlenkernd:** hin...bewegend □ **verschwand** < verschwinden
Brillen: zB. er muß Brillen tragen, weil er schlecht sieht

Pflaster zerbrochen waren. "Was ist das?" rief mein Schützling. "Was tut er mit ihm?"

"Nichts", sagte ich mühsam, "nichts, sie spielen nur Theater."

Erleichtert ließ sie sich aufs Bett zurückfallen. Ihr Gesicht war noch ganz jung und so vertrauensvoll, daß es fast ein wenig töricht erschien.

Der Gedanke an meine Kinder fing wieder an, mich zu quälen. Das Mädchen hatte jetzt die Augen geschlossen und schien einzuschlafen. Ich wagte einen vorsichtigen Blick durchs Fenster und sah, was ich gefürchtet hatte zu sehen: der Platz lag menschenleer, auf den verlassenen Gehsteigen schritten einzeln oder in Gruppen die fürchterlichen Hähne. Das weiße Licht lag auf ihren schwarzglänzenden Schnäbeln, dem schillernden Gefieder und purpurnen Kämmen. Und alle traten sie durch das Tor des "Palast-Hotels".

Ein Stockwerk unter mir hatte ich schon früher vier Männer entdeckt, die in einer Art Laube um einen dunklen Tisch saßen. Keiner von ihnen warf auch nur einen Blick auf den Platz hinaus; außerordentlich ernst und bekümmert tranken sie aus halbgefüllten Gläsern.

Ich beschloß, sie aufzusuchen und um Rat zu fragen, denn es war doch unmöglich, so schien es mir wenigstens, daß sie so ruhig beim Wein saßen, während die Stadt von Greueln erfüllt war.

Sie begrüßten mich sehr höflich, und ich erinnerte mich nun auch, sie schon früher gekannt zu haben. Einer war Arzt, der andere Priester in Zivilkleidung, der dritte Musiker, den Beruf des vierten hatte ich vergessen.

Auf meine entsetzten Fragen, ob sie denn nicht wüßten — verständigten sie sich untereinander mit raschen Blicken,

Pflaster : *pavé* □ **zerbrochen** < zerbrechen ; Glas kann zerbrechen

Schützling : j., den man beschützt

mühsam : mit Mühe, Anstrengung (≠ leicht, mühelos)

erleichtert : von Angst befreit

vertrauensvoll ≠ skeptisch

töricht : naiv, ein wenig dumm

quälen : verfolgen

wagte : riskierte (ugs.)

menschenleer : ohne Menschen, verlassen

fürchterlich : schrecklich, entsetzlich

Gefieder : Federn

traten (< treten) : gingen

Stockwerk n(s,e) : Etage

Laube f(n) : *tonnelle*

saßen < sitzen □ **warf** < werfen

bekümmert : sorgenvoll (≠ froh, heiter)

halbgefüllten : halbvollen, zu Hälfte gefüllten

aufzusuchen : zu ihnen zu gehen □ **um Rat zu fragen :** um sie zu fragen, ob sie wüßten was ich tun könnte

Greueln : Schrecken, schrecklichen Ereignissen

höflich : zuvorkommend

Priester : der Priester liest in der katholischen Kirche die Messe

Beruf : er ist Arzt von Beruf

entsetzten : von Schrecken erfüllten

verständigten sich... : gaben sich mit Blicken zu verstehen und der Musiker schlug mir vor, ein starkes Betäubungsmittel einzunehmen. Schon griff der Arzt nach seiner Tasche, als ihm der Priester abwinkte. "Die Dame", sagte er, " kann ruhig die Wahrheit hören, und die Wahrheit ist, daß sie schon in der Offenbarung des Johannes erscheinen."

Schwindel erfaßte mich und ließ meinen Kopf auf die Tischplatte sinken. Undeutlich hörte ich den Disput der Männer. Sie zählten eine Menge Namen von Leuten auf, die die großen Hähne vorausgesehen hatten.

"Wie gut", sagte ich, "daß diese wenigstens tot sind und in Sicherheit." Sie sahen mich gütig an und nickten, nur der vierte, dessen Beruf ich vergessen hatte, murmelte : "Wir wissen nichts über die Sicherheit der Toten... es wäre möglich..."

Daß man auch noch die Geborgenheit der Toten anzuzweifeln wagte, erfüllte mich mit Entsetzen.

Ich stand auf und schwankte die Stiege hinauf. Ein paar Weiber drängten sich an mich und zeigten mir unter Gewinsel seltsame bräunliche Flecken auf ihren Kleidern, die zusehends wuchsen. Dieses lautlose Anwachsen des Unheils erschreckte mich so sehr, daß ich in mein Zimmer flüchtete und aufatmend die Tür hinter mir zuschlug.

Mein Schützling saß auf dem Bett und blickte mir vertrauensvoll entgegen. Ich versuchte zu lächeln, sie lächelte strahlend zurück.

Der Platz lag nun verödet unter dem steilen blauen Himmel. Eine Prozession weißgekleideter Kinder quoll aus einer Gasse hervor und stob mit wehenden Röckchen und Bändern, von unsichtbaren Treibern gehetzt, über den Platz in das weitgeöffnete Tor des "Palast-Hotels".

Ich zog den Vorhang zu und drückte das Mädchen nieder aufs Bett. Dann versuchte ich die Tür zu versper-

Betäubungsmittel : Beruhigungsmittel

abwinkte < abwinken : jn mit einer Geste unterbrechen, die “nein” bedeutet
die Offenbarung des Johannes : *l’apocalypse de saint Jean*
Schwindel : *vertige* □ **erfaßte** (geh.) < erfassen : *saisir*
sinken : fallen □ **undeutlich :** nicht genau
eine Menge : viele
vorausgesehen : prophezeit

gütig : gut und freundlich □ **nickten** < mit dem Kopf nicken (Geste die “ja” bedeutet)

Geborgenheit < geborgen sein : (geh) sicher, beschützt sein
anzuzweifeln < anzweifeln : nicht an etw. glauben
schwankte : zB. er schwankte, weil er zuviel getrunken hatte
Weiber : (sehr abw) : Frauen □ **drängten sich :** kamen sehr nah an mich heran □ **Gewinsel :** klagende Laute □ **bräunlich :** nicht richtig braun □ **zusehends :** sehr schnell □ **wuchsen :** größer wurden
Unheil : großes Unglück, Katastrophe
flüchtete : lief (um der Gefahr zu entgehen) □ **aufatmend :** erleichtert

strahlend : glücklich
verödet : verlassen
quoll (< quellen) : kam dicht gedrängt hervor
stob < stieben (geh.) : lief □ **wehenden :** fliegenden
Bänder < Band : *ruban* □ **von unsichtbaren...gehetzt :** von nicht zu sehenden Menschen gejagt und getrieben (wie Tiere)
zog...zu < zuziehen : zumachen
versperren : abschließen

ren. Aber das Schloß war zerbrochen und der kleine Eisenriegel, den es außerdem gab, fiel mir vor die Füße.

Jetzt sah ich deutlich, wie krank das Holz der Tür war, und nicht nur das Holz war krank, auch die Mauern, die Pflastersteine, ja, selbst die Licht- und Telephondrähte waren es.

Die Stadt lag im Sterben, unter dem teilnahmslosen ewigblauen Himmel starb die Welt dahin.

Ich dachte noch einmal an meine Kinder, die längst verloren waren, verloren wie die Kinder im "Palast-Hotel", die vier Männer unter mir und wie ich selbst. Dann setzte ich mich auf das Lumpenbett und zog das Mädchen an mich. Ihre lichten Augen waren gläubig und unwissend und ich drückte ihre weiße runde Stirn fast heftig gegen meine Schulter.

Und dann sah ich auch auf unseren Kleidern die gefräßigen braunen Flecken auftauchen und wachsen als einen fremden tödlichen Pilz.

"Aber", sagte das Mädchen im Halbschlaf, "der große Hahn war doch schön."

"Ja", sagte ich, "sehr schön."

"Und er hat dem Kind nicht weh getan, es war nur ein Spiel?" Klang nicht eine heimliche Unruhe und Furcht aus dieser Stimme?

"Nur ein Spiel", bestätigte ich und streichelte den zarten flaumbedeckten Nacken.

Sie seufzte tief auf und schlang die Arme um meinen Hals. Ich wurde allmählich sehr müde, aber noch immer mußte ich denken. Hier saß ich, eine Frau in zerbröckelnden Kleidern, die das letzte Kind unserer Welt in den zerfallenden Armen hielt.

Und während sich die fremde Krankheit durch mein

zerbrochen < zerbrechen
Eisenriegel : *loquet en fer*
Holz : die meisten Türen sind aus Holz

Telephondrähte < ... + Drähte (sing:, Draht): Draht leitet Elektrizität
teilnahmslos : gleichgültig, apathisch
starb < sterben
längst : seit langem
verloren < verlieren

zog...mich : ich nahm es in die Arme
gläubig : vertrauensvoll □ **unwissend** (geh.) : naiv
Stirn : *front*
Schulter : *épaule*

Fleck (m) : *tache* □ **auftauchen :** erscheinen □ **als :** wie
tödlich : etw. woran man stirbt □ **Pilz :** es gibt eßbare und giftige Pilze

dem...getan < jm weh tun : ihm Schmerzen verursachen
heimliche... : nicht ausgesprochene Angst
Stimme : zB. Sopranstimme
streichelte : liebkoste □ **zarten :** feinen (≠ robusten)
flaumbedeckten... : mit ganz weichen feinen Haaren bedeckten...
seufzte...auf : stieß einen Seufzer aus (eine Brücke in Venedig heißt "Seufzerbrücke") □ **allmählich :** langsam, nach und nach
zerbröckelnden : zerfallenden, auseinanderfallenden

Gewand bis in mein Herz fraß, vernahm ich die Atemzüge des Mädchens an meinem Ohr schwächer und schwächer werden.

Als sie stockten, fingen meine Augen zu weinen an, und ich dachte noch immer und wußte, daß keiner meine Tränen sah. «

» Das «, schloß Hedwig, » ist alles. Ich bin erwacht oder vielmehr, ich bin dort auf dem Bett sitzend eingeschlafen und träume einen letzten Gnadentraum. Und jeden Augenblick kann ich erwachen und werde wieder die großen Hähne vor dem "Palast-Hotel" sehen, aber es gibt kein Kind mehr, auf das sie Jagd machen könnten. «

Georg war ans Fenster getreten. » Aber «, sagte er schließlich, » ich kann nicht einsehen, was dieser zweifellos abscheuliche Traum mit uns zu tun haben soll. Gerade jetzt solltest du versuchen, das alles bei mir zu vergessen. «

» Begreifst du denn nicht «, sagte sie ruhig, » daß es unmöglich ist. Alle Küsse und Zärtlichkeiten der Welt können mich nicht vergessen lassen, wie die weißgekleideten Kinder über den Platz getrieben wurden.

Ich weiß, es liegt nicht in meiner Macht, auch nur das geringste daran zu ändern, ich bin ja nicht einmal selbst ganz frei von Verrat und Treulosigkeit. Die großen Hähne, mußt du wissen, sind nämlich wirklich schön.

Sicher wäre ich vor ihre mitleidlosen Schnäbel gerannt, wenn man mir nicht dieses fremde Kind anvertraut hätte. Und ich war nicht imstande, es zu beschützen. «

Sie kniete auf dem Diwan neben ihm und legte die Arme um seinen Hals. » Ich sehe «, sagte sie, » ich kann's dir nicht klarmachen, du warst ja nicht dabei. «

Gewand (österr.) : Kleider □ **vernahm... Atemzüge** (geh.) : hörte ich wie der Atem des Mädchens immer Schwächer (< schwach) wurde

stockten : langsam aufhörten
keiner : niemand

schloß < schließen : enden □ **erwacht** (geh.) : aufgewacht
vielmehr : richtiger gesagt
Gnadentraum < Gnade : *grâce*
jeden Augenblick : jeden Moment

ans...getreten : zum...gegangen
einsehen : verstehen □ **zweifellos :** gewiß
abscheuliche : schreckliche

begreifst : verstehst
Zärtlichkeiten : Liebkosungen

es...Macht : ich kann nicht (auch wenn ich wollte)
nicht das geringste (< gering) : gar nichts
Verrat : *trahison* □ **Treulosigkeit :** *infidélité*

mitleidlosen : brutalen, ohne Mitgefühl

ich...imstande... : war nicht fähig..., konnte es nicht beschützen

kann's = kann es
klarmachen : erklären

Georg blieb allein zurück und überlegte, vor seinem Rotwein sitzend, ob es nicht doch vielleicht ein Glück für ihn sei, daß sie ihn verlassen hatte. In ihrer neuen Verfassung war sie keineswegs das, was sich ein Mann nach des Tages Mühen wünschen konnte.

Aber er wußte auch, daß es nie mehr so werden konnte wie zuvor. Hedwig war fortgegangen und hatte ein Stück seiner Sicherheit und Ruhe mit sich genommen.

Es war gerade so, als habe jemand ein Loch durchs Dach gebohrt, durch das er, Georg, nun das unendliche sternenfunkelnde Firmament sehen konnte. Und ein Hauch dieser tödlich fremden, kalten Welten sickerte in sein komfortables Zimmer und verwandelte es in einen winzigen Käfig, voll mit altem Plunder.

Für die Dauer einer Minute war er nicht mehr der erfolgreiche Anwalt Georg Sailer, sondern ein Nichts.

überlegte < überlegen: über etw. nachdenken

...Verfassung: in ihrem neuen Zustand, so wie sie jetzt war
nach...Mühen (geh.): nach einem anstrengenden Arbeitstag

zuvor: vorher, früher □ **ein Stück...**: etwas von...

gerade so: genau so □ **Loch...gebohrt**: ...gemacht (zB. mit dem elektrischen Bohrer) □ **unendlich**: ohne Ende
sternenfunkelnde...: es glänzte und funkelte vor Sternen
Hauch: leichter, Atemzug (zB. ein Windhauch) □ **sickerte**: drang...ein (kam...herein) □ **verwandelte es**: machte daraus einen... □ **Käfig**: im Zoo gibt es Tierkäfige □ **Plunder**: altes Zeug, das nichts mehr wert ist □ **für die Dauer...**: eine Minute lang

Grammaire au fil des nouvelles

Traduisez les phrases suivantes inspirées du texte (le premier chiffre renvoie à la page, les suivants aux lignes) :

Un événement imprévu était *peut-être* survenu, une visite, une légère maladie des enfants ou quelque chose *de* semblable (emploi de *mögen* - adjectif substantivé, 112 - 8,9,10).

***Depuis,* plus de trois semaines étaient donc passées *sans qu'*Edwige ait donné signe de vie** (traduction de 'depuis' adverbe - *ohne* + indicatif, 112 - 26,27,28).

Assis au bord de la baignoire, il se rendit compte qu'il *n'en* avait pas du tout assez d'Edwige (114 - 3,4).

Il *ne* pouvait appeler H. *que* le lendemain puisque le dimanche son mari était à la maison, et ...il alla *au café le plus proche* ('ne...que' temporel - superlatif de l'adjectif épithète, 114 - 22,23,24).

Tu me croiras peut-être, ou *du moins,* d'après les anciennes règles de jeu, *tu ferais semblant* de croire... (*als ob* + subjonctif II, 116 - 28,29).

***Toutes les histoires dans lesquelles* nous n'apparaissons pas nous-mêmes ne nous intéressent pas** (relative, 118 - 1,2,3).

En plus ce n'est même pas une vraie histoire *mais* seulement un rêve ('non pas..mais', 118 - 2,3).

Ce lit se trouvait devant une large fenêtre (locatif, 118 - 14,15).

Et *je réussis* effectivement *à* la distraire (régime de *gelingen,* 120 - 11,12).

Je sais qu'il n'est pas en mon pouvoir d'*y* changer *la moindre chose* (128 - 22,23).

Certainement je me serais retrouvé devant leurs becs impitoyables *si l'on ne m'avait pas confié* cet enfant inconnu (conditionnelle au passé, 128 - 26,27).

DER SEELISCHE RATGEBER

Siegfried Lenz (1926 geb.)

Siegfried Lenz, Sohn eines Zollbeamten, wuchs in Ostpreußen auf, war Soldat in der Marine, desertierte und kam in englische Gefangenschaft. 1945 begann er in Hamburg ein Philosophie-und Literaturstudium. Gleichzeitig arbeitete er für die Tageszeitung “Die Welt”, bei der er 1950 Feuilletonredakteur wurde. Seit dem Erscheinen seines ersten Romans “Es waren Habichte in der Luft” (1951) lebt er als freier Schriftsteller in Hamburg.

1988 erhielt er den Friedenspreis des Deutschen Buchhandels.

Seine in traditioneller Erzählweise realistisch geschriebenen Bücher handeln oft von Schuld, Mitverantwortung und Erinnerung.

Der 1968 erschienene Roman “Die Deutschstunde”, der von der verhängnisvollen Pflichtauffassung im Nationalsozialismus handelt, wurde ein Bestseller und machte Lenz weltbekannt.

1985 wurde die spannende Erzählung “Das Feuerschiff” (1960) verfilmt.

Fast alle Werke von Lenz sind als Taschenbücher bei dtv erhältlich, so auch “Die Erzählungen von 1949-1984” in drei Bänden. Die hier daraus gewählte Kurzgeschichte von 1956 ist ein Beispiel für seine ironische Seite.

Sie lobten mich zu Wenzel Wittko hinüber, dem seelischen Ratgeber unserer Zeitschrift, und sie machten mich zu seinem Gehilfen. Nie habe ich für einen Menschen gearbeitet wie für Wenzel Wittko. Er hatte kurzes, schwarzes Haar, versonnene Augen, gütig war sein Mund, gütig das Lächeln, das er zeigte, über seinem ganzen teigigen Gesicht lag ein Ausdruck rätselhafter Güte. Mit dieser Güte arbeitete er; mit Geduld, Gin und Güte las er die tausend Briefe, die der Bote seufzend zu uns hereintrug: Briefe der Beladenen, der Einsamen und Ratsuchenden. Oh, niemand kann das Gewicht der Briefe schätzen, das traurige Gewicht der Fragen, mit denen sich die Leser an Wenzel Wittko wandten. Sie schrieben ihm all ihre Sorgen, ihre Verzweiflungen, ihre Wünsche — er wußte immer Rat. Er wußte, was einer Dame zu antworten war, die keine Freunde besaß; er tröstete eine Hausfrau, deren Mann nachts aus dem Eisschrank aß; souverän entschied er, ob man seine Jugendliebe heiraten dürfe: keiner, der eine Frage an ihn stellte, ging leer aus. Die Sekretärin, die unsicher war, ob ihr Chef sie nach Hause fahren dürfe; der junge Mann, dessen Schwiegereltern ihn mit »Sie« anredeten, die Witwe, die von ihrer ehrgeizigen Tochter ein Schlagsahneverbot erhalten hatte — alle, alle erhielten persönlichen Trost und Ratschlag. Es gab nichts, was Wenzel Wittko umgangen, wovor er gekniffen hätte: alles unter der Sonne konnte er entscheiden, aufrichten und beschwichtigen: was sich entglitten war, wurde zusammengeführt; was bedrückte, wurde ausgesondert; wo es an Frohsinn mangelte, wurde er hinverfügt. Wo kein Mensch mehr raten konnte: Wenzel Wittko, unser seelischer Ratgeber, brachte es mit Geduld, Gin und Güte zustande.

Ich durfte ihm dabei helfen, ich und Elsa Kossoleit, unsere

lobten... hinüber: sagten soviel Gutes von mir, daß ich für W. in der Redaktion arbeiten durfte □ **seelischer Ratgeber**: er gibt den Lesern Ratschläge bei seelischen Problemen □ **Gehilfe**: macht nur subalterne Arbeit für einen Chef
versonnene: träumerische □ **gütig**: freundlich und gut

teigigen: weichen, wie Teig aussehenden (Kuchen macht man aus Teig) □ **rätselhafter...**: die man sich nicht erklären konnte □ **...Geduld**: las sie ruhig, ohne nervös zu werden □ **seufzend**: zB. in Venedig gibt es die Seufzerbrücke □ **Beladenen** (bibl. Ak): Menschen mit großen Sorgen □ **Einsamen** < einsam: allein, isoliert
Gewicht...schätzen: niemand kann es erraten (genau wissen)
wandten < sich an jn. wenden: ihn etw. fragen, um etw. bitten
Verzweiflung < verzweifeln: sie sind verzweifelt, weil ihre Situation hoffnungslos ist
tröstete: zB. die Mutter hat das weinende Kind getröstet, es lacht wieder □ **entschied** < entscheiden: wußte eine klare Lösung
Jugendliebe: jn., den man liebte, als man jung war □ **keiner...leer aus**: alle bekamen eine Antwort

Schwiegereltern: Vater und Mutter von seiner Frau
Witwe: sie war verheiratet, jetzt ist ihr Mann tot □ **ehrgeizigen...**: die Ambitionen hat
Trost < trösten
...umgangen...hätte: ...dem er ausgewichen wäre, was er nicht angepackt hätte □ **aufrichten**: jm. Mut machen, jn. ermutigen
beschwichtigen: beruhigen □ **entglitten**: auseinandergegangen
bedrückte: Sorgen machte □ **ausgesondert**: entfernt, eliminiert
Frohsinn...hinverfügt: wo Fröhlichkeit, gute Laune fehlte, wurde sie hinbefohlen (verfügen = befehlen)
brachte...zustande: es gelang ihm...

Sekretärin : bewundernd sahen wir zu, wie er den Korb mit den straff geschnürten Briefpacken in sein Zimmer zog, wie er sich hinkniete, die Schnüre löste und sein gütiges Gesicht tief und träumerisch über den Inhalt senkte. Bewunderung war das wenigste, was wir für ihn aufbrachten ; wenn er grüßte, empfanden wir ein warmes Glück, wenn er uns rief, eine heiße Freude.

Mich rief er schon am ersten Tag zu sich ; höflich lud er mich ein, Platz zu nehmen, bot mir Gin in der Teetasse an, musterte mich lange mit rätselhafter Güte.

» Kleiner «, sagte er plötzlich, » hör mal zu, Kleiner. «

» Ja «, sagte ich.

» Du wirst einen Weg für mich machen, Kleiner. Du kannst zu Fuß hingehen, es ist nicht weit. Du brauchst nur einen Brief für mich abzugeben, in meiner alten Wohnung. «

» Gern «, sagte ich, » sehr gern. «

Er gab mir den Brief, und ich machte mich auf — schwer sind die frühen Jahre der Lehre. Ohne mich aufzuhalten, forschte ich nach der Straße, forschte nach dem Haus ; es war eine stille, melancholische Villa, in der sich die alte Wohnung von Wenzel Wittko befand. Ich klingelte, wartete und klingelte noch einmal, dann erklang ein zögernder, leichter Schritt, eine Sicherheitskette wurde entfernt und die Tür mißtrauisch geöffnet. Im Spalt stand eine schmale alte Frau ; unwillig, die Mühsal der Treppe im kleinen Vogelgesicht, fragte sie mich nach dem Grund der Störung.

» Ein Brief «, sagte ich.

Sie sah mich erstaunt an.

» Ein Brief von Herrn Wittko. «

Sie streckte die Hand aus, nahm mir hastig den Brief ab, riß ihn auf und las, und obschon ihr Gesicht gesenkt war,

bewundernd: zB. sie bewundern ihn wie ein Genie
straff geschnürten: mit einer Schnur zusammen gebundenen
hinkniete < sich hinknien (*s'agenouiller*) □ **löste:** aufmachte
träumerisch (< Traum): als ob er träumte
senkte: beugte
...aufbrachten (< aufbringen): ...hatten □ **empfanden** < empfinden: fühlen
rief < rufen □ **lud...ein** < einladen
bot...an < anbieten: die Freunde, die uns eingeladen hatten boten uns Bier an, aber wir wollten keines □ **musterte:** sah mich ganz genau, prüfend an

...Weg...: etw. für mich erledigen (machen) gehen
du...abzugeben: du muß nur...hinbringen

machte mich auf: machte mich auf den Weg, ging los
...Lehre: die ersten Jahren, in denen man lernt □ **ohne...aufzuhalten:** ohne Zeit zu verlieren □ **forschte:** suchte intensiv □ **stille** ≠ ruhige
befand sich < sich befinden: sein
...erklang (< erklingen): dann hörte man...
zögernder: langsamer, unsicherer □ **Sicherheitskette:** Kette innen vor der Wohnungstür □ **entfernt:** weggetan □ **mißtrauisch:** *méfiant*
schmale: magere □ **unwillig:** verärgert □ **Mühsal...:** man sah an ihrem Gesicht, daß es für sie anstrengend gewesen war herunterzukommen □ **Störung** < stören: zB. er möchte arbeiten, aber leider wird er immer durch das Telefon gestört
erstaunt: verwundert

streckte...aus: ...um den Brief zu nehmen □ **hastig:** nervös und eilig
riß...auf < aufreißen: machte ihn ohne Schere auf

sah ich, daß ein Ausdruck von feiner Geringschätzung auf ihm erschien, von würdevoller Verachtung und noblem Haß : sie las nicht zu Ende. Sie hob den Kopf, knüllte mir den Brief in die Hand und sagte :

» Nehmen Sie. Diese Kündigung hätte der Vagabund sich sparen können. Wir haben ihn schon vorher rausgesetzt. «

Ich sah sie betroffen an, mit hilfloser Erschrockenheit, und ich sagte :

» Das ist aber ein Brief von Wenzel Wittko. «

» Das habe ich gesehen «, sagte sie. » Wir sind glücklich, daß er aus dem Haus verschwunden ist. «

Sie schloß die Tür ; ich hörte den zögernden, leichten Schritt, hörte im Haus eine Tür schlagen, und ich wandte mich ratlos um und ging zur Redaktion zurück.

Ich gab Wenzel Wittko den Brief, er lächelte, als er ihn in der Hand hielt, lächelte in all seiner rätselhaften Güte ; schließlich glättete er ihn sorgfältig mit dem Lineal und schob ihn in seine Brusttasche : die Briefe der Beladenen waren wichtiger, sie durften nicht warten. Er hatte bereits einige zusammengestellt, und er rief Elsa Kossoleit und diktierte ihr die Antwortspalte : wie man sich bei Treulosigkeit des Mannes zu verhalten habe, wie ein junges Mädchen sich trösten könne, das mit zu großen Füßen geboren war, was gegen eine abergläubische Großmutter auszurichten sei. Wir lauschten seinem sanften Diktat, sannen der Art nach, wie er die Welt einrenkte, wesentliche Wünsche erfüllte ; mit halbegeschlossenen Augen, an der Teetasse mit dem Gin nippend, so gab er Ratschlag um Ratschlag ab zum Wohl der Zeit.

Nachdem er sich verströmt hatte in Trost und Aufrichtung, rief er mich wieder zu sich.

Geringschätzung: Verachtung (≠ Bewunderung)
würdevoll: nobel
Haß ≠ Liebe □ **knüllte...**: gab mir den Brief mit unwilliger Geste zurück und zerdrückte ihn dabei
Kündigung < kündigen: ab einem bestimmten Datum eine Wohnung nicht mehr mieten wollen □ **...sich sparen...**: hätte es nicht zu tun brauchen □ **rausgesetzt**: (ugs): hinausgeworfen (< werfen) □ **betroffen**: unangenehm überrascht □ **hilflos**: wußte nicht wie ich das verstehen sollte □ **Erschrockenheit**: < erschrecken: plötzlich Angst bekommen
glücklich: sehr froh
verschwunden < verschwinden: plötzlich weg sein
schloß...(< schließen): machte die Tür zu
wandte mich um: drehte mich um
ratlos: wußte nicht, was ich tun sollte

glätten ≠ zerknüllen □ **sorgfältig**: aufmerksam, genau
schob (< schieben): steckte
bereits = schon

Antwortspalte: Zeitungsartikel sind in Spalten gedruckt □ **...Treulosigkeit...verhalten...**: wie eine Frau reagieren sollte, wenn ihr Mann untreu war (eine andere Freundin hatte)
gegen...sei: was man...tun könnte □ **abergläubisch**: *superstitieux*
lauschten: hörten konzentriert und bewundernd zu □ **sanft**: angenehm weich □ **sannen...einrenkte**: dachten über seine Art nach, ...in Ordnung zu bringen □ **wesentliche**: sehr wichtige
nippend: in ganz kleinen Schlucken trinkend
zum Wohl der Zeit (iron.): zum besten dieser Epoche: alle sollten von seinen Ratschlägen profitieren □ **verströmt...**(iron.): alles, was er nur konnte, gegeben hatte

» Kleiner «, sagte er. » Du könntest etwas für mich tun. Hier sind zwei Päckchen für meinen Sohn, es sind Spielsachen drin, kleine Dinge, die Freude machen: du könntest sie abgeben für ihn. «

» Gern «, sagte ich, » sehr gern. «

» Der Junge ist draußen im Internat «, sagte er. » Du kannst mit der Bahn hinfahren; das Geld gebe ich dir zurück. «

» Ich fahr wirklich gern hin «, sagte ich.

Er faßte mich ins Auge, schaute mich mit versonnener Liebe an und gab mir die Päckchen und entließ mich.

Frohgemut fuhr ich hinaus, wo das Internat lag; es lag in bewaldeter Vorstadt, am Strom, hoch an teurem Hang: weiß sah ich es vor mir aufschimmern, mauerumgeben. Über knirschendem Kiesweg näherte ich mich, passierte den Pförtner, passierte eine Ruheterrasse, auf der zarte Zöglinge ihren Körper der Sonne aussetzten; dann landete ich im Geschäftszimmer. Ich übergab die Päckchen einem gut gekleideten, hinkenden Herrn; er würde sie sofort weiterleiten, sagte er, direkt an den Sohn von Wenzel Wittko; beruhigt zog ich davon. Doch ich hatte das glasverkleidete Pförtnerhaus noch nicht erreicht, als mich ein verstörter Junge einholte, in schnellem Lauf kam er heran, die Päckchen unterm Arm; blond, mit fuchtelnden Armen verstellte er mir den Weg, schob mir die Päckchen zu und sagte:

» Hier, nehmen Sie das. Bringen Sie alles zurück. «

» Es ist für dich «, sagte ich vorwurfsvoll, » es ist von deinem Vater. «

» Deswegen «, sagte er. » Schmeißen Sie es ihm hin, ich will nichts von ihm haben. Er soll auch nicht mehr rauskommen hierher. «

Päckchen (pl.): kleines Paket
drin (ugs.) = darin

mit der Bahn = mit dem Zug

faßte mich ins Auge: sah mich genau an
entließ < entlassen (geh.): ließ mich gehen
frohgemut (geh.): erfreut, zuversichtlich
bewaldeter...: wo es Wald gab □ **Strom**: großer Fluß
...aufschimmern: plötzlich...glänzen □ **mauerumgeben** = von Mauern umgeben (mit Mauern rundherum) □ **knirschender**: *crissant* □ **Kies...**: *gravier* □ **Pförtner**: Portier
zarte...aussetzen (iron.): wo zarte (≠ kräftige) Internatsschüler die Sonne auf sich scheinen ließen □ **landete** (ugs.): kam ich schließlich + acc. □ **hinkenden** < hinken: zB. er hinkt, weil er einen kranken Fuß hat □ **weiterleiten**: an die richtige Person weitergeben
zog...davon (ugs.): ging ich wieder weg
glasverkleidet: fast ganz von Glas umgeben
verstörter < verstören zB. er ist von dem Schock verstört
fuchtelnden... < mit den Armen fuchteln, die Arme wild, unkontrolliert bewegen □ **verstellte...Weg**: stellte sich vor mich, so daß ich nicht weiter gehen konnte

sagte...vorwurfsvoll: tadelnd (an seiner Stimme hörte man, daß er das nicht richtig fand)
deswegen: deshalb, darum □ **schmeißen** (ugs.): werfen

rauskommen... (ugs.): herauskommen

»Heißt du denn überhaupt Wittko?« fragte ich.

»Ja«, sagte er, »leider heiße ich so. Nehmen Sie das Zeug wieder mit.«

Unschlüssig nahm ich die Päckchen wieder an mich, blieb stehen, sah dem Jungen nach, der eilig verschwand, zu eilig, ohne sich noch einmal nach mir umzublicken. Diesmal jedoch wollte ich meinen Auftrag erfüllen, wollte Wenzel Wittko nicht enttäuschen, und darum übergab ich beide Päckchen dem Pförtner, der mir versprach, sie weiterzuleiten. So konnte ich Wenzel Wittko den Schmerz der Zurückweisung ersparen; er brauchte sich nicht damit abzugeben, konnte frei sein für die Briefe der Beladenen, denen allen er etwas zu raten und zu sagen hatte. Und mit Geduld, Gin und rätselhafter Güte schöpfte er nützliche Weisheit aus dem Brunnen seiner Seele; der Brunnen versiegte nicht, für alles, was Wenzel Wittko erreichte, hielt er lindernden Ratschlag bereit. Ob Eheleute getrennt verreisen sollen, ob man sich einen zu groß geratenen Mund kleiner schminken darf, ob man als Frau nachgiebig oder schon als Bräutigam tonangebend sein soll: alle wesentlichen Fragen der Zeit wurden von Wenzel Wittko, unserem seelischen Ratgeber, gelöst; jeder, der sich an ihn wandte, durfte hoffen, selbstlos verströmte er sich für die andern.

Ich hatte nur die Gelegenheit, mich für ihn zu verströmen; freudig trug ich neue Briefe zu ihm hinein, gern kaufte ich Gin für ihn, spülte die gebrauchten Tassen aus, und ehrgeizig erledigte ich Botengänge, um die er mich bat. Wie er sich für andere opferte, so opferte ich mich für ihn.

Darum bedrückte es mich auch nicht, als er mich eines Tages nach Feierabend bat, einen Brief für ihn in einer Kneipe abzugeben; glücklich machte ich mich auf den

Zeug (abw.): die Dinge, die Sachen
unschlüssig: unentschlossen, er wußte nicht, was er damit tun sollte
eilig: schnell
umzublicken = umzudrehen
....Auftrag erfüllen: ich wollte tun, was man mir aufgetragen hatte (zu tun gesagt hatte)

Zurückweisung < zurückweisen: etw. ablehnen, nicht akzeptieren
abzugeben < sich mit etw. abgeben: sich mit etw. beschäftigen
raten: zB. der Arzt hat mir geraten, nicht so viel zu rauchen
schöpfte...: holte...herauf
Weisheit: *sagesse* □ **Brunnen**: *puits*
versiegte nicht: war nie ohne Wasser
lindernd < lindern: zB. Aspirin Tabletten lindern Kopfschmerzen
...geratenen: der...war
schminken: zB. sie hat sich die Augen grün geschminkt □ **nachgiebig**: gern tun, was die anderen wollen □ **Bräutigam**: *fiancé* □ **tonangebend** < den Ton angeben: bestimmen, was gemacht wird
selbstlos ≠ egoistisch
...Gelegenheit: ich durfte nur...

spülte...aus: wusch...aus (< waschen)
...Botengänge: ich ging als Bote für ihn (Briefe und andere Dinge für ihn abgeben und abholen □ **bat** < bitten □ **opferte** < opfern: in alten Religionen opferte man den Göttern Tiere
bedrückte...: machte es mir keine Sorgen
nach Feierabend: nach Ende der Arbeitszeit
Kneipe: dort trinken die Deutschen Bier oder Wein

Weg. Es war eine Kellerkneipe, die ich ausmachte: leer und zugig, Zementfußboden, die Tische mit Sand geschrubbt, niemand war außer mir da. Ich trat an die polierte Theke, wartete, räusperte mich, und als immer noch keiner kam, schlug ich zwei Gläser gegeneinander. Jetzt erschien hinter einem braunen Vorhang eine Frau; sie war hübsch und müde, scharfe Schatten unter den Augen. Leise, im weißen Kittel, ging sie hinter die Theke, ihre Hand hob sich zum Bierhahn hinauf, doch ich winkte ab. Ich gab ihr den Brief.

»Für Sie«, sagte ich.

Sie nahm den Brief, hielt ihn unter das Licht und las den Absender, und plötzlich wurde ihr Gesicht starr, eine alte Erbitterung zeigte sich, und die Frau zerriß den Brief, ohne ihn gelesen zu haben, steckte die Schnipsel in die Kitteltasche.

»Es tut mir leid«, sagte ich unwillkürlich.

»Das macht nichts«, sagte sie, »es geht schon vorbei, es ist schon vorbei.« In ihren müden Augen standen Tränen.

»Kann ich etwas tun?« fragte ich.

Sie schüttelte den Kopf.

»Nein«, sagte sie. »Es ist nichts mehr zu tun, es ist alles zu Ende. Sagen Sie meinem Mann, daß ich die Scheidung beantragt habe. Mehr brauchen Sie ihm nicht zu sagen.«

»Ich arbeite für ihn«, sagte ich.

»Das tut mir leid«, sagte sie, und sie wandte sich langsam um, eine Hand in der Kitteltasche, ging auf den braunen Vorhang zu und schlug ihn zur Seite. Ich sah, daß ihre Schultern zuckten.

Still verließ ich die Kneipe, ging die sauberen Zement-

ausmachte: fand, sah

zugig: es zieht (Luftzug: *courant d'air*) □ **geschrubbt**: sauber gemacht

Theke: dort trinkt man stehend □ **räusperte mich**: *me racla la gorge*

...gegeneinander: ein Glas gegen das andere...

Vorhang: ein Vorhang hängt meistens vor einem Fenster

scharfe...Augen: sie war unter den Augen dunkel, weil sie müde oder krank war □ **Kittel**: Arbeitskleid

Bierhahn: aus dem Bierhahn fließt Bier, aus dem Wasserhahn Wasser

Absender: Name dessen, der den Brief geschrieben hat □ **wurde...starr**: ...unbeweglich

Schnipsel: kleine Stücke zerrissenen Papiers

unwillkürlich: automatisch

in...Tränen: ihre Augen waren naß, sie weinte fast

schüttelte den Kopf: verneinende Geste

Scheidung < sich scheiden lassen: sie waren lange verheiratet aber dann ließen sie sich scheiden □ **beantragt** < beantragen: etw. offiziel verlangen; zB. er hat ein Visum für Amerika beantragt

...zuckten: daran sah man, daß sie weinte

verließ...: ging weg aus...

stufen hinauf; es war windig draußen, und ich begann zu frieren. Ich schlug den Weg zur Redaktion ein: es brannte noch Licht oben, Wenzel Wittko wartete auf mich, heute abend noch wollte er eine Antwort haben. Als ich zu ihm kam, saß er vor einem Stapel von Briefen und einer Tasse Gin, und der erste Blick, der mich beim Eintreten traf, war scharf und grausam, so grausam, daß ich erschrak, doch dann löste sich sein Ausdruck, Güte lag wieder in seinem Gesicht, die rätselhafte Güte, mit der er allen Beladenen draußen in der Welt riet und half.

» Was ist, Kleiner «, fragte er, » was ist los mit dir? «

» Ich glaube nichts «, sagte ich.

» Hast du den Brief abgegeben? «

» Ja «, sagte ich.

» Und hast du mir etwas mitgebracht? «

» Die Scheidung «, sagte ich. » Ihre Frau hat die Scheidung beantragt. «

Ein Schimmer von schneller Genugtuung trat in seine Augen, eine seufzende Zufriedenheit, aber er fing sich sofort, zeigte auf die gestapelten Briefe, die vor ihm lagen, und sagte milde:

» Sie warten noch auf mich, Kleiner. Sie warten alle darauf, daß ich ihnen etwas sage. Es gibt so viele Leute, die Hilfe brauchen, ich kann sie nicht im Stich lassen. «

Und er versenkte sich tief und träumerisch in das Studium der Briefe; ich aber ging. Ich ging langsam die Treppe hinab und dachte an den nächsten Tag, und ich hatte das Gefühl, mit meinem Gesicht in einen Haufen Asche gefallen zu sein...

windig: heute geht der Wind, es ist windig
...frieren: mir wurde kalt □ **schlug...ein**: ging zu...
Licht: zB. am Abend braucht man elektrisches Licht

Stapel...: viele...übereinander

grausam ≠ gütig
löste...: wurde wieder weich, entspannte sich

riet < raten

mitgebracht < mitbringen

Genugtuung: Befriedigung
fing sich: faßte sich

im Stich lassen: jm., der auf Hilfe wartet, nicht helfen

Asche: wenn man etw. verbrennt, bleibt Asche zurück

Grammaire au fil des nouvelles

Traduisez les phrases suivantes inspirées du texte (le premier chiffre renvoie à la page, les suivants aux lignes) :

***Jamais je n'*ai travaillé pour un être humain comme je le fis pour W.W.** (négation, 134 - 3,4).

Personne ne peut apprécier le poids des lettres, le triste poids des questions *que* les lecteurs *adressaient à* W.W. (pronom relatif 3e pers. du pluriel, 134 - 11,12,13).

Il consola une ménagère *dont le mari,* la nuit, *prenait* à manger *dans* le frigo (relative - emploi de *aus* avec *essen, trinken...* 134 - 16,17).

Admiratifs, nous le *regardions traîner* le panier de lettres... dans sa chambre, *s'agenouiller...* (verbes de perception + *wie*, 136 - 1,2,3).

Nous sommes heureux *qu'*il *ait disparu de* notre maison (indicatif avec les verbes de sentiments - choix de l'auxiliaire avec *verschwinden*, 138 - 11,12).

Après s'être* répandu en consolations... il me rappela *auprès de lui (subordonnée avec *nachdem* - directif, 138 - 31,32).

***Il y a* des jouets dedans** (traduction de 'il y a', 140 - 2,3).

Il n'avait pas besoin de s'*en* occuper... (régime de *sich...abgeben*, 142 - 11).

Ambitieux, je fis pour lui les courses *qu'*il me *demandait* (régime de *bitten*, 142 - 27,28).

En dehors de moi *il n'y avait personne* (144 - 3).

La femme déchira la lettre sans l'avoir lue et mit les petits bouts de papier dans la poche de sa blouse (infinitive avec *ohne zu* - directif, 144 - 14...16).

Le premier regard à se poser sur moi *quand j'entrai...* (*beim* + verbe substantivé pour exprimer la simultanéité, 146 - 6).

DIE GESCHICHTE VOM LÖWEN ALOIS

Gustav Meyrink (1868-1932)

Gustav Meyrink wuchs in München, Hamburg und Prag auf, erhielt eine kaufmännische Ausbildung und war einige Zeit Bankdirektor in Prag.

Seine erste kurze Erzählung "Der heiße Soldat" erschien 1901 im 'Simplicissimus'. Bis 1908 war Meyrink einer der wichtigsten Mitarbeiter dieser bedeutenden politisch-satirischen Zeitschrift aus München. Meyrinks Satiren richteten sich vor allem gegen Militär, Kirche, Ärzte, Richter und Lehrer. Seine antibürgerliche Einstellung war jedoch im Grunde nicht politisch, sondern entsprang seiner Ablehnung des Positivismus und Materialismus.

Die Sammlung "Des deutschen Spießers Wunderhorn" (1913) faßte im 'Simplicissimus' erschienene Erzählungen zusammen. Meyrinks bedeutendstes Werk ist "Der Golem" (1913), ein fesselnder phantastischer Roman, der in der Prager Altstadt spielt.

Später zog sich Meyrink, der seit 1906 in Bayern lebte, immer mehr zurück, um sich dem Esoterismus und asiatischen Religionen zu widmen.

"Die Geschichte vom Löwen Alois" zeigt unter anderem sein Talent den kitschigen Stil des Heimatromans zu parodieren.

war so: Seine Mutter hatte ihn geboren und war sofort gestorben.

Vergebens hatte er getrachtet mit seinen runden Pfoten, die so weich waren wie Puderquasten, sie aufzuwecken, denn er verschmachtete vor Durst in der sengenden Mittagsglut.

» Wie die Sonne frühmorgens die Tautropfen schlürft, wird sie auch sein Leben austrinken «, murmelten pathetisch die wilden Pfauen oben auf der Tempelruine, machten Prophetengesichter und schlugen rauschend stahlblau schimmernde Räder.

Und wären nicht die Schafherden des Emirs des Weges gezogen, hätte es auch so kommen müssen.

Da aber wendete sich das Schicksal.

» Hirten haben wir nicht, unberufen, die dreinreden dürften «, — meinten die Schafe — » warum sollen wir diesen jungen Löwen also nicht mitnehmen?

Übrigens die Witwe Bovis macht's gewiß gern, erziehen ist ja ihre Leidenschaft.

Seit ihr Ältester nach Afghanistan geheiratet hat — (die Tochter des fürstlichen Oberwidders) — fühlt sie sich sowieso ein bißchen einsam. «

Und Frau Bovis sagte kein Wort, nahm das Löwenjunge zu sich, säugte und hegte es — neben Agnes, ihrem eigenen Kind.

Nur der Herr Schnucke Ceterum aus Syrien — schwarz gelockt und mit krummen Hinterbeinen — war dagegen. Er legte den Kopf schief und sagte melodisch: » Schöne Sachen werden da noch einmal herauskommen «, aber weil er immer alles besser wußte, kümmerte sich niemand um ihn. — Der Kleine Löwe wuchs erstaunlich, wurde bald getauft und erhielt den Namen » Alois «.

...ihn geboren < gebären : ihn zur Welt gebracht
gestorben < sterben ≠ geboren werden, zur Welt kommen
vergebens : umsonst, erfolglos □ **getrachtet** : versucht □ **Pfoten** : auch Katzen haben vier Pfoten □ **weich** ≠ hart □ **Puderquaste** : *houppe* □ **verschmachtete...** : kam...fast um □ **...sengenden Mittagsglut** (f) : ...brennenden Hitze
Tautropfen : ganz kleine Wassertröpichen, die am Morgen auf Gras und Blumen zu sehen sind
Pfauen < der Pfau : *paon* □ **machten...Gesichter** : sahen drein wie...
stahlblau : blau wie Stahl
schimmernd < schimmern : leicht glänzen
Schafherden : *troupeaux de moutons* □ **des...gezogen** (geh) : vorbeigekommen
wendete (geh) : änderte □ **Schicksal** : zB. in der antiken Tragödie hängt alles davon ab □ **Hirten** : passen auf eine Herde auf □ **unberufen** : (Ausruf) Gott sei Dank ! es soll nur so bleiben ! □ **dreinreden** (ugs) : sich einmischen
Witwe : sie war verheiratet aber ihr Mann ist schon tot □ **erziehen** : Eltern erziehen ihre Kinder □ **Leidenschaft** : Passion
...Ältester : ihr erster Sohn □ **nach...geheiratet** : er ist dort verheiratet □ **fürstlich** : *princier* □ **Oberwidder** (iron.) < Widder männliches Schaf □ **sowieso** : ohnehin □ **einsam** : allein, verlassen

säugte : gab dem Löwenbaby ihre eigene Milch zu trinken □ **hegte** : kümmerte sich sehr liebevoll um den Kleinen
Schnucke : eine Art von Schafen. Sie sind klein und leben in der Lüneburger Heide
...schief (≠ gerade) : er neigte den Kopf zur Seite
schöne...herauskommen : das wird noch ein böses Ende nehmen
kümmerte... : achtete...
wuchs < wachsen : größer werden □ **...erstaunlich** : sehr stark
getauft : Katholiken und Protestanten lassen ihre Kinder taufen

Frau Bovis stand dabei und fuhr sich ein ums andere Mal über die Augen ; — und der Gemeindeschöps trug ins Buch ein : » Alois ††† « und statt eines Familiennamens drei Kreuze.

Damit aber jeder sehen könne, daß hier wahrscheinlich eine uneheliche Geburt vorliege, schrieb er es auf eine Extraseite.

Alois' Kindheit floß dahin wie ein Bächlein.

Er war ein guter Knabe, und nie gab er — von gewissen Heimlichkeiten vielleicht abgesehen — Grund zur Klage. — Rührend war es anzusehen, wie er heißhungrig mit den andern weidete und die Schafgarbe, die sich ihm widerspenstig immer um die langen Eckzähne legte, in kindlicher Unbeholfenheit mühsam zerkaute.

Jeden Nachmittag ging er mit klein Agnes, seinem Schwesterchen, und ihren Freundinnen ins Bambusgehölz spielen, und da war des Scherzens und der Lustbarkeiten kein Ende.

Alois, hieß es dann immer, Alois, zeig mal deine Krallen, bitte, bitte, und wenn er sie recht lange herausstreckte, erröteten die kleinen Mädchen, steckten kichernd die Köpfchen zusammen und sagten : » Pfui, wie unanständig « ; — aber sie wollten es doch immer wieder sehen.

Zur kleinen schwarzhaarigen Scholastika, Schnucke Ceterums lieblichem Töchterlein, entwickelte sich in ihm frühzeitig eine tiefe Herzensneigung.

Stundenlang konnte er an ihrer Seite sitzen, und sie bekränzte ihn mit Vergißmeinnicht.

Waren sie ganz allein, so sagte er ihr das wunderschöne Gedicht auf :

» Willst du nicht das Lämmlein hüten,
Lämmlein ist so fromm und sanft,

fuhr sich...Augen: wischte sich einigemale Tränen weg
Gemeindeschöps: Gemeindesekretär (erfundene Zusammensetzung) < Gemeinde: *commune* + Schöps: Hammel, kastrierter Widder □ **trug...ein** < eintragen: etw. in ein Register hineinschreiben

uneheliche: illegitime (seine Mutter war nicht verheiratet gewesen) □ **vorliege**: daß es sich um...handle
floß < fließen: Wasser fließt □ **Bächlein**: kleiner Bach
Knabe (veraltet): Junge □ **von...abgesehen**: einige Dinge, von denen er nichts erzählte, ausgenommen □ **...Grund zur Klage**: es hatte sich nie jemand über ihn zu beklagen □ **rührend**: *touchant* □ **heißhungrig weidete**: mit großem Appetit fraß □ **Schafgarbe**: *millefeuille*
widerspenstig...legte: zäh um sie herumwickelte
Unbeholfenheit < unbeholfen: ungeschickt □ **...zerkaute**: es war für ihn, mit seinen Löwenzähnen schwer, sie zu zerbeißen □ **mit klein Agnes** (veraltet): mit der kleinen Agnes
des...Ende (Gp, veraltet): sie scherzten und lachten die ganze Zeit

...hieß es (< heißen): befahlen, sagten sie □ **Krallen**: sie sind scharf
herausstreckte ≠ einzog
erröteten...: wurden sie rot □ **kichernd** < kichern: leise, mit hoher Stimme lachen □ **"pfui"**: ruft man, wenn man etw. Schmutziges sieht

schwarzhaarigen ≠ blonden
entwickelte...Herzensneigung (< Herz + Neigung) (Gp): sehr früh begann er sie aus ganzem Herzen zu lieben
stundenlang: viele Stunden (eine Stunde dauert 60 Minuten)
bekränzte: setzte ihm Kränze aus Vergißmeinnicht (*myosotis*) auf den Kopf □ **sagte...auf**: rezitierte er ihr...

Lämmlein: (< Lamm) kleines, junges Schaf
fromm: brav und geduldig □ **sanft** ≠ grob, brutal

Nährt sich von des Grases Blüten
Spielend an des Baches Ranft.«

Und sie vergoß dabei Tränen tiefster Rührung.

Dann tollten sie wieder durch das saftige Grün, bis sie umfielen.

Kam er abends erhitzt vom kindlichen Spiele nach Hause, sagte Frau Bovis seine Mähne nachdenklich betrachtend immer nur: »Jugend hat keine Tugend«, — und — »Junge, wie du heute wieder mal unfrisiert aussiehst!« (Sie war so gut.)

Alois reifte zum Jüngling, und das Lernen war seine Lust. In der Schule allen ein Vorbild, glänzte er stets durch Fleiß und gute Sitten, — und im Singen und in »Vaterländischer Ruhmesgeschichte« hatte er durchwegs 1 a.

»Nicht wahr, Mama«, sagt er immer, wenn er mit einem Lob des Herrn Lehrers heimkam, »nicht wahr, ich darf später in die Kadettenschule?«

Da mußte sich jedesmal Frau Bovis abwenden und eine Träne zerdrücken. »Er weiß ja nicht, der gute Junge«, seufzte sie, »daß dort nur wirkliche Schafe aufgenommen werden«, — streichelte ihn, zwinkerte verheißungsvoll mit den Augen und sah ihm gerührt nach, wenn er hochaufgeschoßen wie er war, mit dem ein wenig dünnen Hals und den weichen X-Beinen der Flegeljahre wieder hinaus an seine Schulaufgaben ging.

— — — — — — — — — — — — — — — — — — — —

Der Herbst zog ins Land, da hieß es eines Tages: Kinder, vorsichtig sein, ja nicht zu weit außerhalb spazieren gehen, besonders nicht in der Dämmerung, wenn die Sonne zu sinken beginnt, — wir kommen jetzt in gefährliches

nährt sich: frißt
Ranft: erfundenes Wort für "Rand" (es soll auf "sanft" reimen)
vergoß Tränen der Rührung: (< ...vergießen): weinte vor Rührung
tollten...umfielen: liefen fröhlich...bis sie erschöpft waren ☐ **das saftige...** ≠ das trockene (Gras. Obst, Fleisch usw)
erhitzt: schwitzend und rot im Gesicht, weil er soviel gelaufen war
Mähne: Haare auf dem Kopf des Löwen ☐ **nachdenklich**: leicht besorgt ☐ **betrachtend**: ansehend ☐ **Tugend f.(en)**: *vertu*
unfrisiert (< frisieren): ungekämmt; man kämmt oder frisiert sich die Haare
...reifte...Jüngling (geh, iron.): aus...wurde ein Jugendlicher
...Lust: es war ihm ein Vergnügen ☐ **Vorbild**: er war allen ein Beispiel ☐ **Fleiß**: er arbeitet fleißig (viel) ☐ **gute Sitten**: gutes Benehmen ☐ **Vaterländische Ruhmesgeschichte**: *histoire glorieuse de la patrie* ☐ **durchwegs**: immer, ausnahmslos

...Lob: einem Kompliment (einer besonders guten Note) ☐ **heimkam**: nach Hause kam
abwenden: wegdrehen
eine Träne zerdrücken (Gp.): ein wenig weinen
wirkliche: echte
streichelte: strich mit der Hand zärtlich über sein Fell ☐ **verheißungsvoll**: vielversprechend ☐ **hochaufgeschoßen**: sehr groß (er war sehr schnell gewachsen)
Flegeljahre (veralt): Pubertätszeit bei Jungen

...zog ins Land (Gp): es wurde Herbst
vorsichtig sein: aufpassen ☐ **ja nicht**: auf keinen Fall ☐ **außerhalb**: draußen
sinken: untergehen

Gebiet. — Der persische Löwe — nämlich — mordet und würgt dort.

Und immer wilder wurde das Pundshab und immer finsterer das Gesicht, das die Landschaft schnitt.

Die steinernen Finger der Berge von Kabul krallen sich in die Niederungen, — Bambusdschungel starrt wie gesträubtes Haar, und auf den Sümpfen treiben träge die Fieberdämonen mit lidlosen Augen und atmen vergiftete Mückenschwärme in die Luft.

Die Herde zog durch einen Engpaß, ängstlich und schweigend. Hinter jedem Felsblock Todesgefahr.

Da machte ein hohler, schauerlicher Ton die Luft bebte, — in wilder, besinnungsloser Furcht stürmte die Herde davon.

Hinter einem Felsen hervor schoß ein breiter Schatten gerade auf Herrn Schnucke Ceterum los, der nicht rasch genug vorwärts kam.

Ein riesiger alter Löwe!

Herr Schnucke wäre rettungslos verloren gewesen, hätte sich nicht in diesem Augenblicke etwas Merkwürdiges ereignet. Mit Gänseblümchen bekränzt, ein Sträußchen Georginen hinter dem Ohre, kam Alois mit schmetterndem » Bäh, bäh « im Galopp vorbei.

Als hätte vor ihm der Blitz eingeschlagen, hielt der alte Löwe im Sprung inne und stierte in maßloßem Staunen dem Fliehenden nach.

Lange konnte er keinen Laut hervorbringen, und als er endlich ein wütendes Gebrüll ausstieß, antwortete ihm Alois' » Bäh, bäh « schon aus weiter Ferne.

Eine ganze Stunde noch blieb der Alte in tiefem grübeln stehen, alles, was er je über Sinnestäuschungen gelesen und gehört, ließ er an seinem Geist vorüberziehen.

Gebiet: Region □ **mordet**: tötet (jn. ermorden: jn. töten)
würgt (bibl.): tötet (jn.) erwürgen: jm. den Hals zusammendrücken bis er tot ist
das Gesicht...schnitt (< ein Gesicht schneiden): eine Grimasse machen □ **steinern**: aus Stein □ **krallen**: sich wie mit Krallen festklammern □ **Niederungen** (geh) ≠ Berge
gesträubtes Haar: *des cheveux dressés* □ **Sümpfe** < Sumpf: zB. die Camargue ist ein Sumpfgebiet □ **treiben**: zB. Holz treibt auf dem Wasser □ **träge**: faul □ **lidlos**: *sans paupières* □ **vergiftet** < Gift: zB. die Viper ist eine Giftschlange □ **Mückenschwärme** < Mücke: kleines stechendes Insekt + Schwärme < Schwarm: Gruppe von fliegenden Tieren □ **Engpaß**: schmale Stelle zwischen Felsen □ **hohl**: *creux* □ **schauerlich**: furchtbar □ **beben**: zittern □ **in...besinnungsloser Furcht**: in...Panik □ **stürmte...davon**: rannte...weg □ **schoß** < schießen: stürzte blitzschnell
rasch: schnell
vorwärts: weiter
riesiger: enorm großer
...rettungslos verloren: es wäre keine Hilfe möglich gewesen
etwas Merkwürdiges: etwas Seltsames
hätte...ereignet: wäre...passiert □ **Gänseblümchen**: *pâquerette*
schmetternd < schmettern: laut und hell klingen wie zB. eine Trompete □ **Bäh**: Ruf der Schafe
als...inne: wie vom Blitz getroffen blieb er plötzlich stehen
stierte...: sah ihm mit dummen und ausdruckslosem Blick nach
dem Fliehenden < fliehen: vor jm., etw. davon laufen
Laut: Ton
Gebrüll < brüllen: sehr laut schreien □ **ausstieß** < austoßen
aus weiter Ferne: von weit her
grübeln: lange über etw. nachdenken, ohne eine Lösung zu finden
Sinnestäuschungen: zB. optische oder akustische Täuschungen

Vergebens!

Die Nacht fällt rasch und kalt vom Himmel im Pundshab; fröstelnd knöpfte sich der alte Löwe zu und ging in seine Höhle.

Aber er konnte keinen Schlaf finden, und als das gigantische Katzenauge des Vollmondes grünlich durch die Wolken starrte, brach er auf und setzte der geflohenen Herde nach.

Gegen Morgengrauen erst fand er Alois — die Blumenkränze noch im Haar — süß schlummernd hinter einem Strauche.

Er legte ihm die Pranke auf die Brust, und mit entsetztem »Bäh« fuhr Alois aus dem Schlafe.

»Herr, so sagen Sie doch nicht immer, „bäh", sind Sie denn wahnsinnig? Sie sind doch ein Löwe um Gottes willen«, brüllte ihn der Alte an.

»Da irren, bitte —«, antwortete Alois schüchtern, »ich bin ein Schaf.«

Der alte Löwe schüttelte sich vor Wut; »Sie, — wollen Sie mich vielleicht zum besten haben?!

Frozzeln Sie gütigst meinetwegen die Frau Blaschke — — — —.« Alois legte die Tatze beteuernd aufs Herz, blickte ihm treuherzig ins Auge und sagte tiefbewegt:

»Mein Ehrenwort, — ich bin ein Schaf!«

Da entsetzte sich der Alte wie tief sein Stamm gesunken und ließ sich Alois' Lebensgeschichte erzählen.

»Das alles«, meinte er dann, »ist mir zwar gänzlich schleierhaft, aber daß Sie ein Löwe und kein Schaf sind, steht fest, und wenn Sie's nicht glauben wollen — zum Teufel — so vergleichen Sie unser beider Bild hier im Wasser.

fröstelnd: vor Kälte leicht zitternd □ **knöpfte...zu:** machte die Knöpfe zu (als ob er Kleider getragen hätte) □ **Höhle:** zB. die ersten Menschen lebten in Höhlen

brach er auf < aufbrechen: sich auf den Weg machen □ **setzte...nach:** lief...nach, verfolgte die... □ **geflohene** < fliehen
Morgengrauen: ganz früh am Morgen, bevor es Tag wurde
schlummernd < schlummern: leicht, friedlich schlafen
Strauch: Busch (ein Strauch ist kleiner als ein Baum)
Pranke: die große gefährliche Tatze (Pfote) eines Raubtieres
fuhr...Schlafe < aus dem Schlaf fahren: plötzlich erschrocken aufwachen
wahnsinnig: verrückt (≠ normal) □ **um Gottes willen:** *pour l'amour de Dieu*
da irren (alte Höflichkeitsform): da irren Sie: da täuschen Sie sich

schüttelte sich...: zitterte, bebte vor Wut
...mich zum besten haben: ...Sie sich über mich lustig machen
frozzeln (ugs.): jn zum besten haben □ **Frau Blaschke** (Wiener Ak): das können sie Frau B. erzählen, aber nicht mir
treuherzig: aufrichtig, offen □ **tiefbewegt** < tief + bewegt: *ému*
Ehrenwort < Ehre (*honneur*) + Wort
entsetzte sich: erschrak...sehr □ **Stamm:** Rasse, Art □ **gesunken** < sinken
gänzlich: völlig, total
schleierhaft (ugs.): rätselhaft;, unverständlich
steht fest: ist ganz gewiß, sicher
vergleichen: zwei Dinge ansehen, um festzustellen was gleich ist □ **unser beider...**(gen.): das bilt von uns beiden

Und jetzt lernen Sie zuvörderst mal anständig brüllen, schauen Sie — so:

Uuuaah, uuuuaah.«

Und er brüllte, daß die Oberfläche des Weihers ganz rieselig wurde und aussah wie Schmirgelpapier. »Also versuchen Sie's, es ist ganz leicht.«

»Uhah«, setzte Alois schüchtern an, verschluckte sich jedoch und mußte hüsteln.

Der alte Löwe blickte ungeduldig zum Himmel auf: »Na, meinetwegen üben Sie's, wenn Sie allein sind, ich muß jetzt sowieso nach Hause.«

Er sah auf die Uhr: »Himmelsakra! schon wieder halb fünf!

Also Servus!« Und er salutierte flüchtig mit der Pranke und verschwand. —

Alois war wie betäubt — — — —: Also doch!!

Vor ganz kurzer Zeit erst hatte er das Gymnasium absolviert — hatte es sozusagen schwarz auf weiß bekommen, daß er ein Schaf sei — und jetzt!

Gerade jetzt, wo er in den Staatsdienst treten sollte!

Und — und — und Scholastika!

Er mußte weinen — Scholastika!!

So schön hatten sie alles miteinander verabredet, wie er vor Papa und Mama hintreten solle usw.

Und Mama Bovis hatte noch zu ihm gesagt — neulich —: »Junge, den alten Schnucke, den halte dir warm, der hat ein Viechsgeld; — das wäre so ein Schwiegervater für dich bei deinem Riesenappetit.« — Und immer lebendiger zogen die Ereignisse der letzten Tage vor Alois' innerem Auge vorüber: Wie er auf einem Spaziergange Herrn Schnucke über sein blühendes Aussehen und seinen

zuvörderst (veralt): vor allem, als erstes □ **anständig**: richtig, ordentlich

Oberfläche: Wasserfläche □ **Weiher**: Teich; kleiner als ein See
rieselig wurde (≠ glatt...): sich kräuselte □ **Schmirgelpapier**: damit kann man rauhe Flächen abreiben, damit sie glatt werden
setzte an: begann
jedoch: aber □ **hüsteln**: leicht husten (bei Bronchitis hustet man stark) □ **ungeduldig**: er will nicht warten
na meinetwegen: also gut

Himmelsakra (Himmel + Sakrament): bayr + österr. Fluch

Servus (österr.): *salut!* □ **flüchtig**: schnell

betäubt (< betäuben): weil das ein Schock für ihn war
...Gymnasium absolviert: seine Schulzeit im Gymnasium mit Erfolg abgeschlossen

Staatsdienst: ein Beamter steht im Staatsdienst, er dient dem Staat

hatten...verabredet: hatten sie beide alles besprochen

neulich: unlängst, kürzlich (es ist noch nicht lange her)
den halte dir warm (< sich jn warmhalten (ugs.)): sieh zu, daß du dir sein Wohlwollen erhältst □ **Viechsgeld**: (österr. ugs.): sehr viel Geld (Vieh: Tiere eines Bauern)
Ereignisse: alles, was in den letzten Tagen passiert war

blühendes: gutes, gesundes

Reichtum Elogen gemacht hatte: » Herr von Schnucke haben, wie ich vernahm, in Syrien einen so schwunghaften Exporthandel in Trommelschlägeln unterhalten, und das soll, höre ich, den Grundstock zu Ihrem Reichtum gelegt haben ! ? « — — » Auch hab' ich gehandelt damit « — hatte Herr Ceterum etwas zögernd geantwortet, ihn aber dabei recht argwöhnisch von der Seite angesehen.

Sollte ich da am Ende etwas Dummes gesagt haben, — hatte sich Alois damals gedacht — aber man spricht doch allgemein — — — — — — — — — — — Ein Geräusch schreckte ihn jetzt aus seinen Träumereien. — Also alles, alles sollte jetzt zu Ende sein ! Alois legte sein Haupt auf die Tatzen und weinte lange und bitterlich.

Tag und Nacht vergingen, — da hatte er sich durchgerungen.

Übernächtig, tiefe Schatten um die Augen, ging er zur Herde, trat mitten unter sie, richtete sich majestätisch auf und rief:

» Uh——hah ! «

Ein ungeheures Gelächter brach los.

» Pardon, ich meine damit, « stotterte er verlegen — » ich meine damit nur — — ich bin nämlich ein Löwe. « Ein Augenblick der Überraschung, allgemeine Stille, und wiederum erhob sich großer Lärm, höhnische Worte, Warnungsrufe, lautes Lachen.

Erst als Dr. Simulans, der Herr Pastor, hinzutrat und Alois in strengem Tone befahl, ihm zu folgen, legte sich der Tumult.

Es mußte ein langes ernstes Gespräch gewesen sein, das die beiden miteinander führten, und als sie zusammen aus dem Bambusdickicht traten, da leuchteten des Predigers Augen in frommem Eifer — —: » Sei dessen eingedenk,

vernahm < vernehmen(geh): hören □ **schwunghaften...unterhalten:** sehr intensiven...betrieben □ **Trommelschlegel:** *baguette de tambour* □ **...den...haben:** das sagt man, ist der Anfang, die Basis für Ihr Vermögen gewesen
etwas: ein wenig □ **zögernd:** langsam
recht: ziemlich □ **argwöhnisch:** mißtrauisch

damals: zu jener Zeit (als er das das Gespräch mit S. geführt hatte
allgemein: generell (alle sagen doch...)
schreckte: ließ ihn hochfahren □ **Träumereien:** aus seinen vagen Gedanken □ **Haupt** m.(geh): Kopf
bitterlich: sehr heftig (weil er wirklich sehr, sehr traurig war)
...durchgerungen < sich durchringen: einen schweren Entschluß fassen
übernächtig: noch sehr müde, weil er nicht geschlafen hatte
richtete...auf: stellte sich auf die Hinterpfoten und streckte sich... in die Höhe

ungeheuer: sehr groß, sehr laut □ **Gelächter** < lachen □ **brach los** < losbrechen: plötzlich beginnen □ **stotterte** ≠ sprach fließend

...Stille: allgemeines Schweigen
höhnisch: sarkastisch
Warnungsrufe: Rufe, die ihn warnen (man ruft ihm zu, daß er sich in acht nehmen soll) □ **hinzutrat** < hinzutreten: dazukommen
befahl < befehlen □ **...folgen:** mit ihm mitzukommen □ **legte sich:** beruhigte sich
ernst ≠ belanglos, banal

leuchteten: glänzten □ **Prediger** < predigen: der Pastor predigt am Sonntag □ **sei dessen eingedenk** (veralt): denk daran

mein Sohn «, waren seine letzten Worte, — » mannigfaltig sind die Fallstricke des bösen Feindes ! «

Tag und Nacht versuchet er uns, auf daß wir gegen den Stachel löcken, derweilen wir im Fleische wandeln allhier.

Siehe, das ist es ja eben, wir allesamt sollen trachten, das Löwentum in uns niederzuwerfen und in Demut zu verharren, daß wir einen neuen Bund schließen und unsere Bitten erhöret werden — hier zeitlich und dort ewiglich.

Und was du gesehen und gehört gestern morgens dort am Weiher, das vergiß ; — es war nicht Wirklichkeit, — war teuflisch Gaukelspiel des bösen Feindes ! Anathema !

Eines noch, mein Sohn ! Heiraten ist gut, und es wird dir die finstern Dünste des Fleisches vertreiben, die den Teufeln ein Wohlgefallen sind, so freie denn die Jungfrau Scholastika Cöterum und sei zahlreich wie der Sand am Meere. «

Er hob seine Augen zum Himmel, — » das wird dir helfen des Fleisches Bürde tragen und — (hier wurde seine Rede zum Gesang) :

ler—nee zu lei—deen
oh—ne zu klaa—geen ! «

Und dann schritt er von hinnen.

— — — — — — — — — — — — — — — — — — —

Alois' Augen standen voll Tränen.

Drei Tage lang sprach er kein Wort, reinigte nur rastlos sein Inneres von allen Schlacken, und als ihm eines Nachts im Traum eine Löwin erschien, die angab, der Geist seiner Mutter zu sein und verächtlich dreimal vor ihm ausspuckte, — da trat er erhobenen Hauptes vor den Herrn Pastor — jauchzend, daß nunmehr die Blendwerke der Hölle von ihm abgelassen hätten und er von nun an das Denken wolle ganz

mannigfaltig (geh): verschiedenartig (es gibt viele Variationen)
die...Feindes (bibl.): Satans Fallen
...versucht...: *tente* □ **auf daß** (veralt): damit □ **gegen...löcken** (bibl.): *regimber (sous l'aiguillon)* □ **derweilen...allhier** (bibl.): während wir hier auf Erden leben
allesamt: alle □ **trachten**: zum Ziel haben, versuchen
Löwentum < Löwe + Suffix - "tum": alles was für Löwen charakteristisch ist □ **in Demut verharren**: demütig (≠ stolz, arrogant, rebellisch) bleiben □ **einen...schließen**: nach dem Neuen Testament □ **Bitten...ewiglich**: daß Gott unsere Bitten erfüllt, jetzt und auch nach unserem Tod
teuflisch...: teuflisches < Teufel: Satan □ **Gaukelspiel**: Trugbilder

Dünste (< Dunst m.): *émanations* □ **Fleisch** n.(es): *chair*
freie (veralt.): heirate
sei zahlreich (iron.): für "seid zahlreich" (bibl.); zB. zahlreiche Briefe: viele Briefe □ **hob** < heben

Gesang < singen
leiden: zB. er leidet an starken Kopfschmerzen
klagen: zB. er klagt nie, obwohl er starke Schmerzen hat
schritt (< schreiten) **von hinnen** (veralt. ironisch): verließ dramatisch und feierlich den Ort, an dem er gesprochen hatte
...Tränen: er weinte fast
reinigte: säuberte □ **rastlos**: ohne Rast und Ruhe (rasten: ausruhen, eine Pause machen) □ **Schlacken** < Schlacke (f.): *scorie, impureté* □ **erschien** < erscheinen □ **angab** < angeben: sagen
verächtlich (< verachten) ≠ bewundernd □ **ausspucken**: zB. er ißt Kirschen und spuckt die Kerne aus □ **trat** < treten □ **jauchzend**: jubilierend □ **Blendwerke** (geh): Trugbilder □ **Hölle** ≠ Himmel
...abgelassen... (geh): ihn jetzt in Ruhe ließen □ **ganz**

und gar sein lassen, um sich um so blinder der Leitung des Herrn Pastors hinzugeben.

Der Herr Pastor aber hielt in beredten Worten Fürsprache für ihn um die Hand der Jungfrau Scholastika bei ihren Eltern.

Zwar wollte Herr Ceterum anfangs nichts hören, war sehr wild und rief immer: »er is nix, er hat nix,« aber schließlich fand seine Ehegattin den Schlüssel zu seinem Herzen: »Schnucke«, sagte sie, »Schnucke, was willst du eigentlich, was hast du gegen Alois?

Schau — — — er is doch blond.« —

Und tags darauf war Hochzeit.

Bäh.

und gar : völlig □ **sein lassen :** mit etw. aufhören □ **blind** (sein) ≠ sehen □ **...hinzugeben :** er wird sich ohne zu überlegen der Führung des Pastors anvertrauen □ **in beredten Worten :** mit großer Eloquenz

wild : zornig, böse □ **er is nix** (dial.) : er ist nichts
Ehegattin : seine Frau
Herz n. (ens, en) : zB. Alois liebt S. aus tiefstem Herzen
eigentlich : im Grund
schau : denk doch !
tags darauf : am nächsten Tag □ **Hochzeit :** zB. “Figaros Hochzeit”

Grammaire au fil des nouvelles

Traduisez les phrases suivantes inspirées du texte (le premier chiffre renvoie à la page, les suivants aux lignes) :

Pourquoi *ne prendrions-nous donc* pas ce lionceau ? (emploi de *sollen*, 150 - 16,17).

Chaque après-midi, il allait jouer avec la petite Agnès, *sa petite sœur,* et ses amies *dans* le fourré de bambous (déclinaison de l'apposition - diminutif toujours de genre neutre - directif, 152 - 15,16).

***N'est-ce-pas j'aurai le droit* plus tard d'*aller* à l'école des cadets ?** (*dürfen* - ellipse des verbes de déplacement après les verbes de modalité, 154 - 17,18).

...tout ce qu'il avait *jamais* lu ou entendu sur les illusions des sens, il le passa mentalement en revue... (emploi de *je*, 156 - 31,32).

Maintenant il faut que je rentre *chez moi* de toute façon (ellipse des verbes de déplacement après les verbes de modalité - directif, 160 - 11).

Et ça a *paraît-il* été le fondement de votre richesse (emploi de *sollen*, 162 - 3,4).

...avait répondu, un peu hésitant, Monsieur C., *en le regardant* du coin de l'œil *d'un air* soupçonneux (emploi de *dabei* [simultanéité], 162 - 5,6,7).

***Aurais-je* dit une bêtise ?** (emploi de *sollen*, 162 - 8).

GESCHICHTE EINES GENIES

Arthur Schnitzler (1862-1932)

Schnitzler, Nervenarzt und später freier Schriftsteller in Wien, schrieb zwei Romane, viele Erzählungen und Theaterstücke. Sein Hauptthema ist die Kritik an Doppelmoral und starren Konventionen. Unvoreingenommen analysiert er menschliche Handlungen, Gefühle und Triebe in ironischem, melancholischem, manchmal sentimentalem Stil. In seiner oft zitierten Erzählung "Leutnant Gustl" (1901) wandte er zum erstenmal in der deutschen Literatur die Erzählform des 'Inneren Monologs' an.

Die in ähnlicher Art meisterhaft geschriebene Erzählung "Fräulein Else" (1925) wurde 1929 verfilmt. Zu seinen wichtigsten Theaterstücken gehören "Anatol" (1889-1893), "Reigen" (1896). "Liebelei" (1895), von Ophüls 1932 verfilmt, und "Der grüne Kakadu" (1899), "Professor Bernardi" (1912), durfte in Wien wegen 'Antiklerikalismus' nicht aufgeführt werden.

» So wär' ich denn auf die Welt gekommen «, sagte der Schmetterling, schwebte über einem braunen Zweig hin und her und betrachtete die Gegend. Milde Märzsonne war über dem Park, drüben auf den Hängen lag noch einiger Schnee, und feucht glänzend zog die Landstraße zu Tal. Zwischen zwei Gitterstäben flog er ins Freie. » Dieses also ist das Universum «, dachte der Schmetterling, fand es im ganzen bemerkenswert und machte sich auf die Reise. Es fror ihn ein wenig, aber da er so rasch als möglich weiterflog und die Sonne immer höher stieg, wurde ihm allmählich wärmer.

Anfangs begegnete er keinem lebenden Wesen. Später kamen ihm zwei kleine Mädchen entgegen, die sehr erstaunt waren, als sie ihn gewahrten, und in die Hände klatschten.

» Ei «, dachte der Schmetterling, » ich werde mit Beifall begrüßt, offenbar seh' ich nicht übel aus. « Dann begegnete er Reitern, Maurergesellen, Rauchfangkehrern, einer Schafherde, Schuljungen, Bummlern, Hunden, Kindermädchen, Offizieren, jungen Damen; und über ihm in der Luft kreisten Vögel aller Art.

» Daß es nicht viel meinesgleichen gibt «, dachte der Schmetterling, » das hab' ich vermutet, aber daß ich der Einzige meiner Art bin, das übertrifft immerhin meine Erwartungen. «

Er segelte weiter, wurde etwas müde, bekam Appetit und ließ sich zum Erdboden nieder; aber nirgends fand er Nahrung.

» Wie wahr ist es doch «, dachte er, » daß es das Los des Genies ist, Kälte und Entbehrungen zu leiden. Aber nur Geduld, ich werde mich durchringen. «

Indes stieg die Sonne immer höher, dem Schmetterling

so...gekommen: ich bin also geboren

Schmetterling: *papillon* □ **schwebte**: wie ein Luftballon □ **Zweig**: der Vogel sitzt auf dem Zweig eines Baumes □ **Gegend**: Umgebung

drüben: gegenüber, vis-à-vis □ **Hänge** (sg. Hang): Weingärten liegen an Südhängen □ **feucht** ≠ trocken □ **zog...Tal**: die Straße führte hinunter □ **Gitterstäbe**: der Park ist von einem Gitter umgeben □ **ins Freie**: hinaus aus dem Park

im ganzen ≠ im Detail □ **bemerkenswert**: sehr interessant

machte...Reise: begann... □ **es fror...(< frieren)**: es war ihm kalt

weiterflog: (< fliegen) weiter + verbe = *continuer à...*

allmählich: langsam

begegnete: traf, sah □ **lebenden Wesen**: Mensch oder Tier

kamen...entgegen: er begegnete...

gewahrten: sahen

Beifall = Applaus

begrüßt < begrüßen: guten Tag sagen □ **übel** = schlecht

Maurergesellen < Geselle: *compagnon* + Maurer (bauen Häuser) □ **Rauchfangkehrer**: *ramoneur* □ **Bummler**: Faulenzer, arbeiten nichts

kreisten: flogen in Kreisen □ **aller Art**: viele Sorten

meinesgleichen: so wie mich, von meiner Art

vermutet: gedacht

Einzige: nur ich allein □ **übertrifft** (< übertreffen): ist mehr als ich erwartet hatte

segelte: flog

ließ...nieder: schwebte hinunter

Nahrung: etwas zum Essen

Los = Schicksal

Entbehrungen: großer Mangel □ **leiden**: er leidet unter Hunger

Geduld: er ist nicht nervös, er hat Geduld zu warten □ **durchringen**: durchkämpfen □ **indes** = indessen, inzwischen

wurde wärmer, und mit neuen Kräften flog er weiter. Nun erhob sich die Stadt vor ihm, er schwebte durchs Tor, über Plätze und Straßen, wo sich viele Menschen ergingen; und alle, die ihn bemerkten, waren erstaunt, lächelten einander vergnügt zu und sagten: »Nun will es doch Frühling werden.« Der Schmetterling setzte sich auf den Hut eines jungen Mädchens, wo eine Rose aus Samt ihn anlockte, aber die seidenen Staubfäden schmeckten ihm durchaus nicht. »Daran sollen es sich andre genügen lassen«, dachte er, »ich für meinen Teil will weiter hungern, bis ich einen Bissen finde, der meines Gaumens würdig ist.«

Er erhob sich aus dem Kelch, und durch ein offenes Fenster schwebte er in ein Zimmer, wo Vater, Mutter und drei Kinder bei Tische saßen.

Die Kinder sprangen auf, als der Schmetterling über den Suppentopf geflattert kam, der große Junge haschte nach ihm und hatte ihn gleich bei den Flügeln.

»Also auch das muß ich an mir erfahren«, dachte der Schmetterling nicht ohne Bitterkeit und Stolz, »daß ein Genie Verfolgungen preisgegeben ist.« Diese Tatsache war ihm ebenso bekannt wie alle übrigen, denn da er ein Genie war, hatte er die Welt antizipiert.

Da der Vater dem Jungen einen Schlag auf die Hand gab, ließ er den Schmetterling los, und dieser flog eiligst wieder ins Freie, nicht ohne den Vorsatz, seinen Retter bei nächster Gelegenheit fürstlich zu belohnen.

Durch das Stadttor flatterte er wieder auf die Landstraße hinaus. »Nun wäre es wohl genug für heute«, dachte er. »Meine Jugend war so reich an Erlebnissen, daß ich daran denken muß, meine Memoiren zu diktieren.«

Ganz in der Ferne winkten die Bäume des heimatlichen Gartens. Immer heftiger wurde die Sehnsucht des Schmet-

mit...Kräften: er ist wieder stark, kräftig
erhob (< erheben): die Stadt stand hoch vor ihm
sich ergingen < ergehen (veralt) = spazierengehen
bemerkten: sahen □ **einander**: einer dem anderen
vergnügt: fröhlich

aus Samt: *en velours* □ **anlockte** < anlocken: anziehen (*attirer*)
seidenen: aus Seide □ **Staubfäden**: *étamines* □ **durchaus nicht**: absolut nicht □ **sich...lassen**: damit sollen andere zufrieden sein
ich...Teil: was mich betrifft
Bissen: etwas zum Essen □ **Gaumen**: *palais* □ **würdig**: gut genug für... □ **erhob**: flog heraus aus □ **Kelch**: *calice*

sprangen auf < aufspringen: rasch und plötzlich aufstehen
geflattert: geflogen □ **haschte nach...**: versuchte ihn zu fangen
Flügeln (dat. pl. de Flügel): ein Vogel hat zwei Flügel
erfahren = erleben
Bitterkeit: *amertume* □ **Stolz**: der Autor ist stolz auf sein Buch
Verfolgungen preisgegeben: wird verfolgt □ **Tatsache** = Realität
war...bekannt: er wußte davon □ **alle übrigen** = alle anderen

ließ...los: ließ...frei □ **eiligst**: sehr schnell
Vorsatz: Entschluß, Plan □ **Retter** < retten: der Vater hat ihm das Leben gerettet □ **...Gelegenheit**: so bald es möglich war

reich an Erlebnissen: ich habe so viel erlebt

Ferne f.: weit weg
heftiger < heftig: stark, intensiv □ **Sehnsucht**: starker Wunsch

terlings nach einem warmen Plätzchen und nach Blütenstaub. Da gewahrte er mit einem Mal irgend etwas, das ihm entgegengeflattert kam und im übrigen genau so aussah wie er selbst. Einen Augenblick lang stutzte er, gleich aber besann er sich und sagte: »Über diese höchst sonderbare Begegnung hätte sich ein anderer wahrscheinlich gar keine Gedanken gemacht. Für mich aber ist sie der Anlaß zu der Entdeckung, daß man in gewissen durch Hunger und Kälte erzeugten Erregungszuständen sein eigenes Spiegelbild in der Luft zu gewahren vermag.«

Ein Junge kam gelaufen und fing den neuen Schmetterling mit der Hand. Da lächelte der erste und dachte: »Wie dumm die Menschen sind. Nun denkt er, er hat mich, und er hat doch nur mein Spiegelbild gefangen.«

Es flimmerte ihm vor den Augen, und er wurde immer matter. Und als er gar nicht mehr weiterkonnte, legte er sich an den Rand des Wegs, um zu schlummern. Die Kühle, der Abend kam, der Schmetterling schlief ein. Die Nacht zog über ihn hin, der Frost hüllte ihn ein. Beim ersten Sonnenstrahl wachte er noch einmal auf. Und da sah er vom heimatlichen Garten her Wesen herbeigaukeln, eines... zwei... drei... immer mehr, die alle so aussahen wie er und über ihn hinwegflogen, als bemerkten sie ihn nicht. Müde sah der Schmetterling zu ihnen auf und versank in tiefes Sinnen. »Ich bin groß genug«, dachte er endlich, »meinen Irrtum einzusehen. Gut denn, es gibt im Universum Wesen, die mir ähnlich sind, wenigstens äußerlich.«

Auf der Wiese blühten die Blumen, die Falter ruhten auf den Kelchen aus, nahmen herrliche Mahlzeiten ein und flatterten weiter.

Plätzchen : kleiner Platz □ **Blütenstaub** = Pollen
mit...Mal : auf einmal, plötzlich □ **irgend etw :** er sieht noch nicht genau was es ist □ **im übrigen** = übrigens
Augenblick = Moment □ **stutzte :** war überrascht
besann (< sich besinnen) : faßte sich □ **höchst :** sehr □ **sonderbare :** merkwürdig, seltsam □ **sich Gedanken gemacht :** nachgedacht, sich gewundert □ **Anlaß...Entdeckung :** die Gelegenheit etw zu entdecken, herauszufinden
erzeugten : hervorgerufenen □ **Erregungszustände :** *états d'excitation* □ **eigenes Spiegelbild :** sieht sich sebst (wie im Spiegel) □ **...vermag :** sehen kann □ **fing :** < fangen
der erste = der Schmetterling

es...Augen : er sah nicht mehr gut □ **immer matter** (< matt : schwach, müde) : immer + comp. = *de plus en plus...*
Rand ≠ Mitte □ **schlummern :** leicht und angenehm schlafen

Frost : es hat —3°, das ist leichter Frost □ **hüllte...ein :** umgab ihn, deckte ihn zu
heimatlichen... : wo er geboren war □ **...gaukeln :** so fliegen Schmetterlinge □ **aussahen** < aussehen

versank (< versinken)**...Sinnen :** er dachte sehr intensiv und lange nach □ **...einzusehen :** zuzugeben, daß ich mich geirrt habe, etw Falsches gedacht habe □ **ähnlich :** fast so wie
äußerlich : von außen
Falter = Schmetterling
nahmen...ein (geh.) : aßen sehr gut

Der alte Schmetterling blieb auf dem Boden liegen. Er fühlte eine gewisse Verbitterung in sich aufsteigen. » Ihr habt es leicht «, dachte er. » Nun ist es freilich keine Kunst, zur Stadt zu fliegen, da ich euch den Weg gesucht habe und mein Duft euch auf der Straße voranzieht. Aber das tut nichts. Bleib' ich nicht der einzige, so war ich doch der erste. Und morgen werdet ihr am Rande des Weges liegen, gleich mir. «

Da kam ein Wind über ihn geweht, und seine armen Flügel bewegten sich noch einmal sanft hin und her. » Oh, ich beginne mich zu erholen «, dachte er erfreut. » Nun wartet nur, morgen flattere ich so über euch hin, wie ihr heut über mich geflogen seid. « Da sah er etwas Riesiges, Dunkles immer näher an sich herankommen. » Was ist das ? « dachte er erschrocken. » Oh, ich ahne es. So erfüllt sich mein Los. Ein ungeheures Schicksal naht sich, um mich zu zermalmen. « Und während das Rad eines Bierwagens über ihn hinwegging, dachte er mit einer letzten Regung seiner verscheidenden Seele : » Wo werden sie wohl mein Denkmal hinsetzen ? «

aufsteigen: hochkommen
ihr...leicht ≠ für euch ist das schwer □ **nun** = jetzt □ **freilich**: natürlich □ **keine Kunst** = es ist leicht
Duft: der Duft von Rosen ist wunderbar
...voranzieht: vor euch schwebt □ **das tut nichts** = das macht nichts □ **der einzige**: nur er allein
gleich mir (geh.): so wie ich
geweht < wehen: der Wind weht
sanft: leise, leicht ≠ heftig, vehement
ich...erholen: es geht mir langsam besser □ **erfreut**: froh

etw Riesiges: etw sehr Großes
Dunkles ≠ Helles
erschrocken: hat plötzlich Angst □ **ahne** < ahnen: etw fühlen ohne es genau zu wissen □ **erfüllt**: *s'accomplit* □ **ungeheures**: furchtbares, immenses □ **zermalmen** (geh.): ganz zerstören □ **Rad**: der Wagen hat vier Räder □ **...hinwegging**: über ihn fuhr
Regung: Gefühl □ **verscheidenden** (geh.): sterbenden □ **Seele**: *âme*
Denkmal: oft eine Statue, die an bedeutende Menschen erinnert

Grammaire au fil des nouvelles

Traduisez les phrases suivantes inspirées du texte (le premier chiffre renvoie à la page, les suivants aux lignes) :

***Il avait un peu froid,* mais *comme* il continuait de voler le plus vite possible et que le soleil montait *de plus en plus haut, il se réchauffa* petit à petit** (subord. de cause - comparatif 'de plus en plus' - verbes de changement d'état : *werden* + adj., 170 - 9).

C'est ce que j'ai supposé, mais que *je sois le seul* de mon espèce, cela dépasse toutefois mes espérances (*einzige* + indic., 170 - 23,24).

Et *tous ceux qui* le remarquaient étaient étonnés et *échangeaient* des sourires joyeux (172 - 4).

...par une fenêtre ouverte, il entra d'un vol léger *dans une pièce* où un père, une mère et leurs trois enfants *étaient assis à table* (directif - locatif, 172 - 12,13,14).

Ma jeunesse était si riche en expériences vécues que je dois penser *à dicter* mes mémoires (emploi de l'anaphorique pour annoncer une subordonnée infinitive, 172 - 29,30).

Un garçon *arriva en courant* et attrapa le nouveau papillon avec la main (participe II avec *kommen* indiquant la manière, 174 - 11,12).

Et *lorsqu'il* ne put plus du tout avancer, *il se coucha au bord du chemin pour faire* un petit somme (*als* - verbe de changement de position + acc. - subord. de but, 174 - 17,18).

Un destin incommensurable s'approche *pour me broyer* (expression du but, 176 - 16,17).

***Où* vont-ils bien *mettre* une statue à ma mémoire ?** (directif, 176 - 19,20).

Wortregister

— A —

ab/geben (gab, gegeben) remettre, déposer
ab/geben (2) (i, a, e) sich mit etw. a. s'occuper de qqch.
abgebildet photographié
abgesehen von... mis à part
abgewöhnen (sich etw. a.) se déshabituer, faire passer une habitude
Ablehnung f. (-, en) refus, désapprobation
ab/lenken distraire
ab/liefern livrer
ab/reisen partir en voyage
abscheulich épouvantable
abschießen (o, o) abattre (arme à feu)
Abschnitt partie, chapitre
ab/sehen (sieht, a, e) etw. ist abzusehen qqch. est prévisible
ab/sehen (von etw. a) ne pas prendre en considération
Absender m. (s, -) expéditeur
Abwehr f. refus, défense
ab/wenden (wandte, gewandt) (sich a) se détourner
abwesend absent
ab/winken opposer un refus, repousser une demande (en paroles)
Abzug n. (s, ¨e) cliché (photo)
Achsel f. (—, en) aisselle ; **mit den Achseln zucken** hausser les épaules
ahnen se douter
allgemein en général
allmählich petit à petit
alt vieux
Alter m. n. (s.) âge
Alteste, der Alteste l'aîné
andauernd sans cesse
an/fangen (ä, i, a) commencer
an/führen faire marcher qqn (plaisanterie)
an/geben (i, a, e) indiquer
angestrengt très attentif
Angst f. (-, ¨e) peur
ängstlich anxieux, inquiet
an/halten (ä, ie, a) den Atem anhalten retenir son souffle
Anhängerwagen m. (s, -) wagon, voiture
an/locken attirer
an/reden (jn. a) adresser la parole à qqn
an/sagen annoncer
an/schauen regarder
an/sprechen aborder qqn
anspruchswoll exigeant
anständig (1) honnête
anständig (2) convenable
anständig (3) convenablement, comme il faut
an/starren fixer du regard
Anstrengung f. (-, en) effort
anvertrauen jm etw. a. confier qqch. à qqn
Anwalt m. (s, ¨e) avocat
Anwandlung f. (-, en) accès, élan
Anzahl nombre
anzweifeln (etw. a.) mettre en doute
Apfel m. (s, ¨) pomme
Ärger m(s) contrariété
argwöhnisch soupçonneux, très méfiant
Armut f. pauvreté
Art f. (-, en) sorte, manière **aller Art** de toutes sortes
Arzt m. (s, ¨e) médecin
Asche f. (-, n) cendre
Ast (es, ¨e) branche
außer hors de, en dehors de
außerdem en outre
außerhalb à l'extérieur
äußerlich extérieurement
außerordentlich extraordinaire, exceptionnel
äußerst excessivement
auf/atmen pousser un soupir (de soulagement)
auf/blasen (ä, ie, a) gonfler
auf/blicken lever le regard
auf/blinken s'allumer soudainement
auf/fallen (ä, ie, a) se faire remarquer ; **er fällt auf** remarquer ; **etw. fällt jm auf** qqn remarque qqch.
auf/fordern inviter à faire qqch.
auf/geben (i, a, e) (etw. a) renoncer à
auf/halten (1) (ä, ie, a.) arrêter
auf/halten (2) jn/sich selbst a. faire perdre du temps
auf/hören s'arrêter, finir
aufmerksam attentif
auf/nehmen (1) (nahm, genommen) admettre (à l'école)
auf/nehmen (2) (nahm, genommen) prendre en photo
auf/richten (sich) se dresser
auf/reißen (1) (riß, gerissen) déchirer (pour ouvrir)
auf/reißen (2) ouvrir brutalement (porte)
auf/schießen (o, o) sursauter, grandir très vite
Aufschluß geben donner une explication
auf/schneiden (schnitt, geschnitten) découper
auf/seufzen pousser un soupir
auf/springen (a, u) se lever d'un bond, bondir
auf/suchen visiter
auf/tauchem surgir
Auftrag m. (s, -e) mission **einen A. erfüllen** remplir une mission
aufwecken (jn a.) réveiller
aufzählen énumérer

Auge n. (s, n) œil **das innere Auge** mentalement
Augenblick m. (s, e) instant
Augenwinkel m. (s) coin de l'œil
aus/bleiben (ie, ie) ne pas venir, faire défaut
aus/denken imaginer (un tour à jouer, une solution)
Ausdruck m. (s, -e) expression
ausdruckslos sans expression
Ausflügler m. excursionniste **eine Ausflug machen** faire une excursion
aus/gehen (ging, gegangen) émaner de
aus/höhlen creuser, évider
aus/machen apercevoir, trouver
Ausnahme f. (-, n) exception
ausnehmend (ad.) exceptionnellement
aus/nutzen profiter de
aus/richten etw. gegen jn a. faire...
aus/sehen (a, e) avoir l'air, paraître
aus/setzen exposer
aus/spucken cracher
aus/spülen rincer
aus/steigen (ie, ie) descendre (de voiture... etc.)
aus/stoßen (ö, ie, o) pousser (un cri)
aus/strecken étirer, tendre
aus/suchen choisir
auswendig kennen connaître par cœur

— B —

Bach m. (es, -e) ruisseau
Badewanne f. (-, n) baignoire
Bahn f. (-, en) chemin de fer
ballen (sich b.) s'amasser, se concentrer
Band n. (s, ¨er) ruban
bändigen maîtriser, mater
bauen construire
Baum m. (s, -e) arbre
beantragen faire une demande officielle
beben trembler, frémir
bedacht auf etw. bedacht sein tenir à
bedauern regretter
bedrücken opprimer, accabler
beeilen (sich b.) se presser
beenden achever
befehlen (ie, a, o) ordonner, enjoindre
befinden (a, u) sich b. se trouver
beförden transporter
befühlen tâter
Befürchtung f. (-, en) appréhension
Begegnung f. (-, en) rencontre
begehen (beging, begangen) commettre
beginnen (a, o) commencer
begleiten accompagner
begnügen (sich mit etw. b.) se satisfaire de
begreifen (i, i) comprendre, saisir
begrenzen limiter, délimiter
begrüßen saluer (en arrivant)
behandeln traiter
behaupten affirmer
Behausung f. (-, en) demeure
beherrschen dominer, obséder
beibringen (brachte, gebracht) faire entrer dans la tête de qqn
Beifall m. (s) applaudissements
beinahe presque
bekannt connu
beklemmend oppressant
bekränzen couronner (de fleurs)
bekümmert soucieux
beladen charger **die Beladene** (biblique) les opprimés
belanglos sans importance
belohnen, furstlich belohnen récompenser royalement
bemerkenswert remarquable
beneiden (jn um etw. b.) envier
beobachten observer
Beobachtung f. (-, en) observation
beredt éloquent, disert, persuasif
Berg m. (s, -) montagne
Beruf m. (s, e) profession
Bescheid m. (s, e), Bescheid wißen être au courant, savoir
beschließen (o, o) décider
beschützen protéger
besinnen (a, o) (sich b.) (lit.) se ressaisir
besinnungslos éperdu
besonders particulièrement
besorgen procurer
bestellen commander, passer commande
besten, jn zum besten haben faire marcher qqn
bestätigen affirmer, confirmer
besuchen rendre visite
betäuben abasourdir
Betäubungsmittel n. (s, -) narcotique
beten prier
beteuern (etw. b.) affirmer, protester de
betrachten contempler
betroffen confus
betrügen (o, o) (jn b.) tromper qqn, voler (prix trop élevé)
Bettler m. (s. -) mendiant
beugen (sich b.) se pencher
beunruhigen (sich b.) s'inquiéter
bevorstehen (stand, gestanden) être imminent
bewegen (sich b.) remuer, se mouvoir
bewegen (2) (o, o) jn zu etw. bewegen amener qqn à faire qqch.
bewegt ému
bewenden, es bei etw. bewenden lassen en rester là
bewußt werden (i, u, o) (sich eine Sache bewußt w.) prendre conscience de
bewundern admirer
bezeichnen marquer, désigner
Bierhahn m. (s, -e) robinet...
Bild n. (es, er) image, photo, tableau
bis jusqu'à
Bissen m. (s, -) morceau, bouchée
Bitterkeit f. (-, en) amertume

bitterlich, bitterlich weinent pleurer à chaudes larmes
blaß blême
Blatt n. (s, ¨er) feuille
blättern feuilleter
bleich blafard
Blick m. (s, e) regard
blind aveugle
blinken clignoter
Blitz m. (es, e) éclair
blühend florissant
Blume f. (-, n) fleur
Blut n. (s) sang
Blüte f. (-, n) fleur
Bord n. (s.e.) étagère
boren percer
Bote m. (n, n) messager, facteur
Botengang m. (s, ¨e) course (qu'on fait pour qqn)
branden déferler (vagues)
brauchen avoir besoin
bräunlich brunâtre
brausen souffler, mugir
Bräutigam m. (s, e) fiancé
breitschultrig large d'épaules
brennen (brannte, gebrannt) brûler, être allumé
Brief m. (es, e) lettre (missive)
Brille f. (-, n) lunettes
Bruchteil m. (s, e) fraction
Brücke f. (-, n) pont
brüllen rugir, hurler
brummen grommeler, bougonner
Brunnen m. (s, -) puits, fontaine
Brustansatz m. (es, -e) naissance du sein
Büchse f. (-, n) boîte de conserve
Buchstabe m. (ns, n) lettre (alphabet)
Bühne f. (-, n) scène (d'un théâtre)
bundeln faire des liasses
Bürde f. (-, n) charge, fardeau

— D —

Dach n. (s. ¨er) toit
damals alors, à cette époque
dämmerig sombre, dans la pénombre
Dämmerung f. (-, en) crépuscule
darbieten présenter, offrir
Darstellung f. (-, en) représentation
Dauer f. durée
dauern durer
Daumen m. (s, -) pouce
dazugehörig qui fait partie de
Demut f. humilité
demütig modeste
denke (dachte,. gedacht) penser
Denkmal n. (s, ¨er) monument (à la mémoire de qqn ou d'un événement)
deutlich distinct, défini
Dickicht n. (s, e) fourré
Dorf n. (s, ¨er) village
Dose f. (-, n) boîte de conserve
Draht m. (s, -e) fil
Drängen n. (s) insistance
drängen se presser autour
dreckig crasseux
dringen (a, u) (jn d.) presser qqn de questions
dringend urgent, insistant
drohen menacer
drüben de l'autre côté, là-bas
drucken imprimer
drücken presser
Duft m. (s, -e) parfum
dunkel sombre
dunkeln s'assombrir
dünn mince, maigre
Dunst m. (es, ¨e) émanation, buée
durchaus nicht absolument pas
durch/brechen (i, a, o) battre en brèche, percer
durch/gehen (ging, gegangen) passer en revue, parcourir, feuilleter
durchqueren traverser (une pièce)
durchringen (sich d.) surmonter (des obstacles)
durch/schauen parcourir des yeux
durchscheinend translucide
durchsichtig limpide, transparent
durchwegs sans exception
düster sombre, lugubre

— E —

ebenfalls (adv.) aussi
Ecke f. (-, n) coin
Eckzahn m. (s, ¨e) canine (dent)
Ehe f. (-, n) ménage (vie de couple)
ehe avant que, avant de
ehrgeizig ambitieux
Eifer m. (s) ardeur, ferveur
eigen (adj.) propre (à soi) **sein eigenes Gesicht** son propre visage
Eigenschaft f. (-, en) trait de caractère
eigentlich au fond, à vrai dire
ellig pressé
eiligst précipitamment, au plus vite
ein für allemal une fois pour toutes
ein paar quelques
ein/bringen (brachte, gebracht) donner (un résultat)
Einbruch m. (s, -e) vor Einbruch der Nacht avant la tombée de la nuit
eindringlich pressant
Eindruck m. (s, -e) impression
einfach (adv.) tout simplement
einfach (adj.) simple
ein/fallen (ä, ie, a) envahir
ein/fallen (ä, ie, a) venir à l'esprit
einfalten envelopper
ein/führen introduire
ein/gießen (o, o) jm. etw. e. servir à boire à
Einheit f. (-, en) unité
einhüllen envelopper

ein/laden (zu etw. e.) inviter à
einmeißeln graver au burin
ein/nehmen (nimmt, nahm, genommen) prendre (un remède)
ein/reiben (ie, ie) enduire
ein/renken arranger, réparer
einsam isolé
ein/schenken verser à boire
ein/schlafen (ä, ie, a) s'endormir
ein/schlagen (u, a) der Blitz hat in diesen Baum eingeschlagen la foudre est tombée sur cet arbre
ein/sehen comprendre, être d'accord
ein/tragen (ä, u, a) inscrire
einzeln isolé, un à un
ein/ziehen (zog, gezogen) appeler sous les drapeaux
einzige, das einzige was la seule chose que
Eisen n. (s, -) fer
eisern en fer
empfinden (a, u) ressentir
Ende n. (s, n) fin **letzten Endes** en fin de compte
endlos sans fin
Endstation f. (-, en) terminus
eng étroit
Engpaß m. (ses, ¨e) passage étroit, difficile
enttäuschen décevoir
Entbehrung f. (-, en) privation
entdecken découvrir
entfernen enlever, éloigner **sich entfernen** s'éloigner
Entfremdung f. (-, en) aliénation, éloignement, refroidissement
entgegen/kommen (j/etw. kommt jm. e.) venir à la rencontre de
enthalten (ä, ie, a) contenir
entkommen (entkam, entkommen) échapper
entlang/streichen filer le long
entlang le long de
entlassen (ä, ie, a) libérer
entrinnen (a, o) échapper (à un danger)
Entschluß (es, ¨e) décision
Entsetzen n. (s.) épouvante
entsetzt terrifié
entspringen (a, u) venir de, avoir pour origine
entwickeln développer
entzückt ravi
Ereignis n. (ses, se) événement
erfahren (ä, u, a) (etw. an sich e.) subir etw. e. apprendre (une nouvelle)
erfinden (a, u) inventer
erfolgreich couronné de succès
ergreifen (ergriff, ergriffen) saisir
erhalten, (ä, ie, a) recevoir
erhaschen attraper
erheben (o, o) (sich e.) se dresser, se lever
erheben, die Hand e. lever la main
erhitzt échauffé
Erholung f.(-, en) délassement
erhören exaucer
Erinnerung f. (-, en) souvenir
erkennen (erkannte, erkannt) reconnaître
erklingen (a, u) retenir, résonner
erkundigen (sich e.) se renseigner
erlauben permettre
erledigen s'acquitter, achever, faire (un travail, une démarche)
erleichtern soulager
Ermahnung f. (-, en) mise en garde
ermorden assassiner
ernst sérieux
ernstlich sérieusement
ernten récolter
Erregungszustand f. (s, ¨e) état d'excitation
erreichen obtenir, atteindre
errinnern (sich an etw. e) se souvenir de
erröten rougir
erscheinen (i, i) paraître
erschlagen (ä, u, a) tuer
erschrecken (ershrickt, erschrak, erschrocken) s'effrayer
erschrocken effrayé
erschöpft épuisé
ersparen ménager, **jm etw. e.** épargner qqch. à qqn
erst préalablement, d'abord
erstaunen étonner
ertragen (ä, u, a) supporter
erwachen (lit.) se réveiller
Erwachsene m/f adulte
erwidern répondre
erwürgen étrangler
Erzbischof m. (s, ¨e) archevêque
erziehen (o, o) éduquer
etwa par exemple, environ
ewig éternel
Ewigkeit f. (-, en) éternité

— F —

Faden m. (s, ¨) fil
Fall f. (s, ¨, e) cas
Falle f. (-, n) piège
fallen (ä, ie, a) tomber **jm in die Arme fallen** arrêter le bras de qqn
falten plier (une lettre)
fangen (ä, i, a) (sich f.) ressaisir
fassen (ins Auge f.) fixer les yeux sur
fast presque
faul paresseux **sich auf die faule Haut legen** paresser
faulen pourrir
faulig putride
Faust f. (-,¨ e) poing **die Faust ballen** serrer le poing
Feder f. (-, n) plume
Feierabend m. (s, e.) fin de la journée de travail
Feld n. (s, er) champ

Feldweg m. (s, e) chemin (dans les champs)
Fels m. (en, en) roc, rocher
Felsblock m. (s, ¨ e) gros rocher
Felsen m. (s, -) rocher
Ferne f. (-, n) lointain
festlich comme pour une fête
feststehen (stand, gestanden) être sûr
feucht humide
finden (a, u) trouver
Finger m. (s, -) doigt
flach plat (peu accidenté)
flackern vaciller
flattern voleter
flaumbedeckt couvert de duvet
Fleck m. (s, en) tache
fließen (o, o) couler, s'écouler
Fliege f. (-, n) mouche
fliegen (o, o) voler (oiseau)
fliehen (o, o) s'enfuir
flimmern, es flimmert ihm vor den Augen sa vue se trouble
Fluch m. (s, ¨e) juron
flüchten fuir, s'enfuir
flüchtig superficiel, rapide
Flügel m. (s, -) aile
Flur m. (s, e) palier
flüstern chuchoter
fordern exiger
forschen faire des recherches (savant)
Förster m. (s, -) garde forestier
fortgehen partir
Fracht f. (-, en) cargaison, chargement
Freie n. (n) espace libre **im Freien** en plein air, dehors
freien (arch.) demander en mariage
freilassen (ä, ie, a) laisser partir
freilich bien sûr
freimütig ouvertement, généreusement
fremd étranger
fressen (i, a, e) manger (animal)
freudig joyeux
Freundin f. (-, nen) amie
freundlich aimable
frieren avoir froid **mich friert** je suis transi
fromm pieux, sage
Frost m. (s, ¨e) gel
frösteln frissonner
frozzeln (fam.) se payer la tête de qqn
Frucht f. (-, ¨e) fruit
frühzeitig tôt
Fußboden m. (s, ¨) sol, plancher
Fußpfad m. (es, e) sentier
Fußspitze f. (-, n) auf den Fußspitzen sur la pointe des pieds
führen mener, conduire
funkeln scintiller **sternfunkelnd** plein d'étoiles
Furcht f. crainte **besinnungslos vor Furcht** éperdu de peur
furchteln, mit den Armen f. agiter les bras en tous sens
fürchten (sich f.) avoir peur
fürchterlich horrible, épouvantable
furchtsam craintif
Fürsprache f. (-, en) intercession, intervention

— G —

Gang m. (es, ¨e) passage, couloir
gaukeln voleter
Gaukelspiel (arch.) duperie
gebären (ie, o, o) mettre au monde
Gebäude n. (s, -) bâtiment
Gebiet n. (s, e) région
Gebirge n. (s, -) montagne
geboren sein être né
Geborgenheit f. retraite, abri
gebraucht sale (qui a déjà servi)
Geburt f. (-, en) naissance
Gedanke m. (ns, n) sich über etw. G. machen s'inquiéter au sujet de
Geduld f. patience
geduldig patient
Gefahr f. (-, en) danger **nicht die geringste G.** pas le moindre danger
gefährlich dangereux
Gefallen m. (s) plaisir, bon vouloir
gefräßig vorace, glouton
Gefühl n. (s, e) impression
Gegend f. (-, en) contrée, région
gegenwärtig présent
gegenüberstehen (sich jm/etw. g.) se trouver en face de
Gehaben n. (s) attitudes, manières
Geheimnis n. (ses, se) secret **aus etw. ein G. machen** faire mystère
geheuer, etw. ist jm nicht geheuer qqch. paraît suspect à qqn
Gehirn n. (s, e) cerveau
Geholz n. (es) taillis, bois
gehören (zu etw. g.) appartenir
Gehweg m. (s, e) trottoir
Geist m. (es, er) esprit **im Geiste** mentalement
Gelächter n. (s) rires
Gelegenheit f. (-, en) occasion
gelegentlich à l'occasion
gelingen (a, u) jm gelingt etw. réussir
gelten (i, a, o) être valable **etw. gelten lassen** admettre
gemeinsam commun, **der gemeinsamer Markt**, le Marché Commun
gemütlich douillet, confortable
Genuß m. (s, ¨e) jouissance, plaisir
Genugtuung f. (-, en) satisfaction, contentement
gerade justement, précisément
geradeaus tout droit
geradewegs tout droit
geräumig spacieux, dégagé (front)
Gerausch n. (es, e) bruit
gereizt irrité
gering peu **nicht die geringste Gefahr** pas le moindre danger

Geringschätzung f. (-, en) dédain
gerührt touché
Geschäft n. (s, e) magasin
Geschäfte (-, n) affaires (commerce)
Geschichte f. (-, n) histoire
geschickt habile
Geschmack m. (s) goût
Geschwister (pl.) frère et sœur
Gesellschaft f. (-, en) société, groupe de gens
Gesicht n. (s, er) visage
getrennt séparé
gewahren (lit.) apercevoir
Gewand n. (es, ¨er) vêtements
Gewicht n. (s, e) poids, importance **etw. G. beimessen (i, a, e)** accorder de l'importance
Gewinsel n. (s) gémissements
Gewirr n. (s) enchevêtrement
Gewohnheit f. (-, en) habitude
gewöhnlich habituel, ordinaire **für g.** habituellement
gewölbt voûté, incurvé
Gitter n. (s, -) grille
Gitterstab m. (s, ¨e) barreau
glänzen briller
glatt lisse
glätten lisser
Glatze f. (-, n) calvitie
glauben (an etw./jn glauben) croire en
gläubig croyant, confiant, crédule
glotzen (fam.) regarder fixement et bêtement
glücklich heureux
glühen être rouge, en feu
glühende Hitze chaleur torride
Glut f. (-, en) braise
grausam cruel
Grenze f. (en) frontière
Greuel m. (s, -) horreur, atrocité
grinsen faire un large sourire (moqueur ou un peu bête)
Grund m. (s, ¨e) sol, plancher
Grund m. (es, ¨e) raison, cause
gründlich à fond
grundlos sans raison
Guckloch n. (s, ¨er) judas
Güte bonté
gütig bon, bienveillant

— H —

Haar n. (s, e) cheveu
häßlich laid
Hahn m. (s, ¨e) coq, robinet
halbgefüllt à moitié plein
halbwüchsig (adj.) adolescent
Hälfte f. (-, n) moitié
Hals m. (es, ¨e) cou, gorge **etw. hängt jm zum Halse heraus** en avoir marre de
halten (ä, ie, a) tenir
Hand f. (-, ¨e) main **um die Hand anhalten** demander la main de
Handel m. (s) schwunghafter Handel négoce intensif
Händler m. (s, -) commerçant
Handschuh m. (s, e) gant
Handtuch n. (s, ¨er) serviette de toilette
Hang m. (s, ¨e) pente
haschen (nach etw. h.) (lit.) essayer d'attraper qqch.
hastig fébrile
Hauch m. (s, e) soupçon de, souffle
Haufen m. (s, -) tas
Haut f. (-, ¨e) peau
Heft n. (s, e) cahier
heftig violent, fort, brusque, intense
hegen prendre soin de
heißen (ie, ie) s'appeler
heißhungrig (adv.) qui a un appétit dévorant
heimatlich natal
heimkommen (kam, gekomen) rentrer (chez soi)
heimlich secret
heiraten se marier
helfen (i, a, o) (jm h.) aider
Helm m. (s, e) casque
herauskommen (kam, gekommen) sortir **dabei kommt nichts heraus** cela ne donne rien
herausstrecken tirer, sortir
Herde f. (-, n) troupeau
herumttreiben (ie, ie) (sich h.) traîner
Herz n. (ens, en) cœur
Herzschlag m. (s, ¨e) battement de cœur
hetzen poursuivre, traquer
Heuschrecke f. (-, n) sauterelle
heutzutage de nos jours
hierher ici **komm hieher!** viens ici!
hilflos désorienté
Himmel m. (s) ciel
hinken boiter
hinter, hinter jm/etw. hersein courir après (fig.)
Hintergrund m. (s, ¨e) arrière-plan
hinzu/treten (tritt, trat, getreten) s'approcher
Hirn n. (s, e) cervelle
Hirt m. (en, en) berger
Hitze f. (-, n) chaleur
Hochdeutsch haut allemand, allemand "standard", officiel
Hochzeit f. (-, en) mariage
hoffen espérer
höflich poli
Hoffnungslosigheit f. (-) désespoir
Höhle f. (-) caverne, tanière
höhnisch sarcastique
Hölle f. (-, n) enfer
Holz n. (es, ¨er) bois
horchen prêter l'oreille
Hose f. (-, n) pantalon
hübsch joli
Hummer m. (s, -) hommard

Hündin f. (-, n) chienne
hundsgemein (très fam.) infâme, ignoble
hungern souffrir de la faim
hüpfen sautiller
husten tousser

— I —

im Grunde au fond
immerhin mais, cependant
imstande sein être capable de
inne/halten (ä, ie, a) s'interrompre (mouvement ou pensée)
innere n. (n) l'intérieur (ici, l'âme)
Inschrift f. (-, en) inscription
inzwischen entre-temps
irgendwie d'une certaine façon
Irre m/f fou, folle
Irrtum m. (s, -er) erreur

— J —

ja même
Jagd f. (-, en) chasse **auf etw./j Jagd machen** prendre en chasse
Jagen chasser
Jahreszeit f. (-, en) saison
jauchzen pousser des cris de joie, exulter
jedenfalls en tout cas
jung jeune
Jungfrau f. (-, en) vierge

— K —

Kachel f. (-, n) carrelage
Käfig m. (s, -) cage
kahl dénudé
Kammer f. (-, n) petite chambre
Kappelle f. (-, n) chapelle
karg pauvre
Karren m. (s, -) charrette
kehrtmachen faire demi-tour
keineswegs en aucune façon
kennen (kannte, gekannt) connaître
Kern m. (s, e) noyau
Kette f. (-, n) chaîne **die Kette vorlegen** mettre la chaîne (porte)
kichern glousser (rire)
Kind n. (es, er) enfant
Kirche f. (-, n) église
Kittel m. (s, -) blouse
Klage f. (-, n) plainte
klar werden (i, u, o) (jm wird etw. klar) se rendre compte de
klatschen taper dans les mains
kleben coller
Kleider (pl.) vêtements
Kleiderständer m. (s, -) portemanteau
Kleidung f. vêtements
klingeln sonner
klingen (a, u) sonner, retentir
Klippe f (-, n) récif
klirren cliqueter
klug intelligent
Knabe m. (n, n) éphèbe, garçon
Knauf m. (s, ¨e) pomme, pommeau
Kneipe f. (-, n) bistrot
knicken briser
Knochen m. (-, -) os
Knopf m. (es, ¨e) bouton **zu/knöpfen** boutonner
knüllen donner en chiffonnant
kommen (kam, gekommen) venir
Kopf m. (s, ¨e) tête
Korb m. (s, ¨e) panier
Körper m. (s, ¨) corps
Kraft f. (-, ¨e) force
kräftig fort, puissant
Kralle f. (-, n) griffe
krallen (sich an etw. k.) s'agripper
Kranz m. (es, ¨e) couronne (de fleurs)
Kreis m. (es, e) cercle
kreischen pousser des cris perçants
kreisen voler en cercles
Kreuz n. (es, e) croix
kühl frais
kümmerlich rabougri, chétif
Kundigung f. (-, en) résiliation
Kunst f. (-, ¨e) art **das ist keine Kunst** ce n'est pas sorcier
küssen embrasser

— L —

Laden m. (s, ¨) magasin, boutique
lahm paralysé **lahme Entschuldigungen** piètres excuses
Lamm n. (es, ¨er) agneau
Lämmlein n. (s, ¨) petit agneau
landein vers l'intérieur du pays
landen atterrir
langgestreckt étiré
langhaarig aux cheveux longs
längst depuis longtemps
langweilen (etw. langweilt jn) ennuyer
läppisch sot, enfantin
Lärm (s) bruit
Laub n. (s) feuillage
lauern épier, guetter
Laune f. (-, n) humeur
lauschen (lit.) écouter attentivement
Laut m. (es, e) son, bruit
läuten sonner
lautlos silencieux
lebendig vivant
leer vide
Lehre f. (-, n) apprentissage
leicht, du hast es leicht c'est facile pour toi
leicht léger
leid tun, j tut jm leid qqn fait pitié à qqn
leise doux (son), léger **ein leiser Verdacht** un léger soupçon **ohne den leises ten Verdacht** sans le moindre soupçon

Leitung f. (-, en) direction, conduite
lesbar lisible
letzte dernier
Licht n. (s, er) lumière
licht clair
liegen (a, e) être situé, se trouver (géographiquement)
liegen (2) etw. liegt an jm/etw. qqch. tient à
lindern apaiser
Lineal n. (s, e) règle
Loch n. (s, ¨er) trou
Lohn m. (s, ¨e) salaire
Los n. (es) sort, lot
los, was ist mit ihm los? qu'est-ce qu'il a?
löschen éteindre
lösen (sich l.) se détacher, se détendre (trait du visage)
lösen (2) résoudre
los/werden se débarrasser de
lügen (o, o) mentir **belügen, jn belügen** mentir à qqn
Lumpen m. (s, -) haillon, guenille
Lust f. (-, -e) plaisir, jouissance
lustig amusant

— M —

Macht f. (-, ¨e) puissance **das liegt nicht in meiner M.** ça n'est pas en mon pouvoir
mächtig puissant, imposant
Mähne f. (-, n) crinière
mannigfaltig (lit.) varié
maßlos énorme
matt (lit.) las, fatigué
Mauer f. (-, n) mur
meiden (ie, ie) éviter
Meierei f. laiterie
meinen penser, dire **du bist gemeint** cela s'adresse à toi
meinesgleichen (deinesgleichen... etc.) semblable à moi (à toi... etc.)
meistens la plupart du temps
melden signaler **sich melden** donner signe de vie
Menge f. (-, n) foule **eine Menge Arbeit** beaucoup de travail
menschenleer désert (adj.)
menschlich humain
merken remarquer
Merkmal n. (s, e) signe distinctif
merkwürdigerweise bizarrement
mißtrauen (jm m.) se méfier de
mißtrauisch méfiant
Milch f. lait
mild doux, appaisant
mischen mélanger
Mischmachine f. (-, n) bétonnière
mitbringen (brachte, gebracht) apporter
Mitleid n. (s) pitié, compassion
mitleidlos sans pitié
mittelgroß de taille moyenne
mögen (mochte, gemocht) aimer
möglich possible
Möglichkeit f. (-, en) possibilité **auf die M. verfallen zu...** avoir l'idée de
Mond m. (s, e) lune
Mühe f. (-, n) effort **des Tages Mühen** le travail de la journée
Mühsal f. (-, e) (lit.) fatigue
mühsam avec difficulté, péniblement
Mund m. (es, ¨er) bouche
Mundwinkel n. (s, -) commissure des lèvres
Muschel f. (-, n) coquillage
Mut m. (s) courage **Mut sammeln** rassembler son courage

— N —

nachblicken suivre qqn du regard
nachdenklich pensif
nachgiebig conciliant
nachher (adv.) après
nach/holen rattraper (plus tard)
nach/lassen (ä, i, a) faiblir
nachlässig négligent, négligemment
nach/sinnen (a, o) méditer
nackt nu
nah (näher, am nächsten) proche **nichts Näheres wissen** ne rien savoir de plus précis
Nahrung f. (-, en) nourriture
nämlich car, en effet
Nebel m. (s, n) brume, brouillard
nebenan à côté
nehmen (nimmst, nahm, genommen) prendre **ernst n.** prendre au sérieux
neigen pencher, incliner
Neigung f. (-, en) penchant, inclinaison
nennen (nannte, genannt) nommer **jn bei seinem Namen n.** appeler par son nom
Nest n. (es, er) nid
Netz n. (es, e) filet
Neuerscheinung f. (-, en) nouveauté (livre)
neulich récemment
nicht daß ce n'est pas que
nicht wahr n'est-ce pas?
nieder lassen (sich n.) se poser
nippen siroter
nirgends nulle part
nötig nécessaire
notwendig nécessaire
nunmehr maintenant
nützlich utile

— O —

Oberfläche f. (-, n) surface
oberflächlich superficiel
obschon bien que
obwohl bien que

offenbar à l'évidence, manifestement
öffenlich publiquement
ohnehin de toute façon
Ohr n. (s, en) oreille
opfern (sich o.) (se) sacrifier

— P —

Paar n. (es, e) couple
pappen coller (avec colle épaisse, ou peu soigneux)
pensionieren mettre à la retraite
Pflasterstein m. (s, e) pavé
pflegen (etw. zu tun p.) avoir l'habitude de
Pfote f. (-, n) patte
Pilz m. (es, e) champignon
Plage f. (-, n) fléau
Platz m (es, ¨ e) endroit
plötzlich subitement, tout d'un coup
Plunder m. (s) bric à brac, camelote
prächtig superbe, somptueux
prachtwoll puissant, imposant
Pranke f. (-, n) griffe, grosse patte
preisgegeben exposé à
Priester m. (s, -) prêtre

— Q —

quälen tourmenter, faire souffrir
quellen (i, o, o) aus etw. quellen jaillir

— R —

Rad n. (s, ¨er) ein Rad schlagen faire la roue
ragen se dresser **in die Luft ragen** se dresser en l'air
Rahmen m. (s, -) cadre
Rand m. (s, er) bord, bordure
rasch rapide
rastlos sans s'interrompre, sans trêve
raten (ä, ie, a) conseiller
ratlos désemparé
rätselhaft énigmatique
Raum m. (s, ¨ e) pièce, espace
raunen murmurer
rauschen bruire
recht, es soll + datif **recht sein** il n'y a rien à redire
Rechteck n. (s, e) rectangle
rechtzeitig à temps
Regal n. (s, n) rayon (étagère)
Regung f. (-, en) élan
reißen (i, i) arracher
reifen mûrir
rein pur
reinigen nettoyer
Reise f. (-, en) voyage **sich auf die R. machen** partir en voyage
reisen voyager **ab/reisen** partir en voyage
rennen (rannte, gerannt) courir
retten sauver
rettungslos verloren irrémédiablement perdu
Rettungswagen m. (s, -) ambulance
Revier n. (s, e) endroit, district, étendue
richten, den Blick auf etw./jn r. diriger son regard vers
Richtung f. (-, en) direction
Riegel m. (s, -) loquet
riesig gigantesque, énorme
Rock m. (s, ¨) jupe
rücken, etw. ans Fenster rücken pousser qqch. vers la fenêtre
Rücksicht f. (-, en) égard, considération
rufen (ie, u) appeler
rührend touchant

— S —

sacht doux
Sagen n., das Sagen haben être celui qui commande
Salbe f. (-, n) pommade
Sand m. (s) sable
sanft doux, tendre
Satz m. (s. ¨e) phrase
säugen nourrir au sein
Schädel m. (s, -) crâne
schamlos éhonté
scharf perçant, très prononcé, aiguisé
scharren racler, gratter le sol
Schatten n. (s, -) ombre
schätzen apprécier
schauerlich effroyable
Schaum m. (s, ¨e) mousse, bave
Scheibe f. (-, n) vitre
Scheidung f. (-, en) divorce
Schein m. (s, e) billet (de banque)
scheitern échouer
scherzen plaisanter
Scheu f appréhension
schicken envoyer
Schicksal n. (s, e) destin
schieben (schob, geschoben) pousser
schief de biais
Schild (1) m (es, e) bouclier
Schild (2) n (es, er) enseigne
schillern chatoyer
schimmern scintiller, chatoyer
Schlafpulver n. (s, -) somnifère
schläfrig somnolent
Schlag m. (es, ¨e) coup
schlagen (ä, u, a) frapper
Schlagschatten m. (s, -) ombre portée
schleichen (i, i) se glisser (à pas furtifs)
schleierhaft (fam.) hermétique, mystérieux
schleifen traîner par terre
schlenkern ballotter

schleppen traîner (qqch. de lourd)
schließen (o, o) etw. aus etw. s. déduire
schließen (o, o) fermer
schließlich pour finir, finalement
schlingen (a, u) die Arme um jn s. enlacer
Schloß n. (es, ¨er) château, serrure
Schluck n. (s, e) gorgée
schlucken avaler, avoir la gorge serrée
schlümmern sommeiller
schlürfen boire (lit.) boire bruyamment
Schlüssel m. (s, ¨) clé
Schlüsselbund m. (s, ¨e) trousseau de clés
schmächtig chétif
schmal étroit
schmecken, jm s. etw. qqn aime qqch. (goût)
schmeißen (i, i) (fam.) jeter
Schmerz m. (es, en) douleur
schmetternd claironnant
schmieren étaler, graisser
schminken maquiller
Schmirgelpapier n. (s, e) papier de verre
Schmuggler m. (s, -) contrebandier
schnappen arrêter, "coffrer"
schneiden (schnitt, geschnitten) couper
Schnipsel m. (s, -) petit bout de papier (déchet)
Schnucke f. (-, n) petit mouton de la lande de Lunebourg
schonen ménager **jm etw. schonend beibringen** faire comprendre avec ménagement
Schonung f. (-, en) plantation d'arbres (à l'intérieur d'une forêt)
schöpfen puiser
schreiten (i, i) marcher, avancer
Schritt m. (s, e) pas, enjambée
schrubben brosser, nettoyer
Schußfeld n. (s) champ de tir
schüchtern timide
Schuhsohle f. (-, n) semelle
Schulter f. (-, n) épaule
schütteln secouer
Schützling m. (s, e) protégé
schwach faible
Schwäche f. (-, n) faiblesse
schwanken tituber
schwappen clapoter
Schwarm m. (s, ¨e) essaim, vol
schweben flotter dans l'air
Schweiß m. (es) sueur
Schwindel m. (s, -) vertige
See f. mer, océan
Seele f. (-, n) âme
segeln voguer
sehen (sah, gesehen) voir
Sehnsucht f. (-, ¨e) nostalgie, désir
Seide f. (-, n) soie
Seite f. (-, n) côté
seither (adv.) depuis
selbstlos généreux
senken abaisser **den Blick senken** baisser les yeux
setzen (sich s.) s'asseoir
sicher sûr
Sicherheit f. (-, en) sécurité
Sicherheitskette f. (-, n) chaîne (de porte)
sickern s'infiltrer
sieden (sott, gesotten) bouillir
Sims n. (es, e) Fenstersims rebord extérieur de la fenêtre
sinken, sank, gesunken sombrer, couler
Sinn m. (es, e) sens
Sinnestäuschung illusion des sens
sinnlos absurde
sitzen (saß, gesessen) être assis
Sommerkleid n. (s, er) robe d'été
sondebar étrange
Sonnenöl n. (s, e) huile solaire
sooft chaque fois que
sorgfältig soigneux
sortieren trier, classer
sowieso de toute façon
sozusagen pour ainsi dire
Spalt m. (s, e) fente, ouverture
Spalte f. (-, n) rubrique, colonne
spannen tendre
spät tard
spazieren/gehen (ging, gegangen) se promener
Spaziergang m. (s, -e) promenade
Sperber m. (s, -) épervier
Spiegel m. (s, -) miroir
Spielsachen (pl.) jouets
spitz pointu
spöttisch railleur
sprengen faire sauter (explosion)
Spur f. (-, en) trace
spüren sentir, ressentir
Staatsdienst fonctionnariat **in den Staatsdienst treten** devenir fonctionnaire
Stahl m. (s) acier
stahlblau bleu comme l'acier
stählern en acier, comme de l'acier
Stamm (es, ¨e) lignée
stammen (aus, von) provenir de, avoir pour origine
Stapel m. (s, -) pile, tas
stapeln empiler
stapfen marcher d'un pas lourd
starr figé **starr verden** se figer
statt (+ génitif) à la place de
stattfinden (a, u) avoir lieu
Staub n. (s) poussière
stehen (stand, gestanden) être debout
steif raide
steigen (ie, ie) monter (dans un véhicule)
steil abrupt, raide
Stein m. (s, e) pierre
Stelle f. (-, n) endroit
sterben (i, a, o) mourir **im Sterben liegen** être un moribond
stets toujours, à chaque fois
Stich, jn in Stich lassen laisser tomber qqn

stieben (o, o) se disperser
still tranquille, calme
Stimme f. (-, n) voix
stimmen être juste, exact
stoßen (ö, ie, o) auf etw. stoßen tomber sur qqch. (trouver)
stocken s'immobiliser
stockend reden parler de manière hésitante
Stolz m. (es) fierté
stolzieren se pavaner
Störung f. (-, en) dérangement
stottern bégayer
Straßenbahn f. (-, en) tramway
strahlend rayonnant
strampeln gigoter
Strand m. (es, ⸚e) plage
Strauch m. (es, ⸚er) arbuste
Strecke f. (-, en) trajet, distance
Streich m. (s, e) plaisanterie, tour
streichein caresser
streichen (1) raser, filer le long de
streichen (2) (i, i) über das Haar streichen passer la main sur les cheveux
Streif f. (-, en) rayure
Streit n. (es, Streitigkeiten) dispute
Strom m. (s, ⸚e) courant
Stumpf m. (es, ⸚e) souche
Stunde f. (-, n) heure
stundenlang des heures durant
stürmen prendre d'assaut, attaquer
stürzen tomber **stürzen + directif** se précipiter
stützen (sich auf etw. s.) s'appuyer sur
stutzen être stupéfait
Stützpunkt n. (s, e) base, repaire
Südfrüchte agrumes
sumpfig marécageux, bourbeux
surren vrombir

— T —

Tal n. (s, ⸚er) vallée
tarnen camoufler
Tatsache f. (-, n) fait
tatsächlich effectivement, vraiment
Taube f. (-, n) pigeon
Taufe f. (-, n) baptême
taufen baptiser
Täufling (s, e) l'enfant que l'on baptise
Taufpate m. (n, n) marraine
Täuschung tromperie, duperie
Teil m. (s, e) partie **zum größten Teil** pour la plupart
Teilnahme f. sympathie, participation
teilnahmslos indifférent
teilnehmen (nahm, genommen) participer, assister
teuer cher
Teufel m. (s, -) diable
teuflisch diabolique
Theke f. (-, n) bar, comptoir
tiefbewegt profondément ému
tilgen effacer, annuler
tippen toucher légèrement (du bout des doigts)
Tochter f. (-, ⸚er) fille (lien de parenté)
Tod m. (es, e) mort
Todesgefahr f. danger de mort
tödlich mortel
tollen faire les fous (en jouant)
Tor n. (s, e) portail
töricht niais
tot mort
trachten essayer, tenter
Träne f. (-, n) larme
trauen (jm t.) faire confiance
Traum n. (s, -e) rêve
träumen rêver
Träumerei f. (-, en) rêverie
Trauung f. (-, en) cérémonie de mariage
treffen (i, a, o) rencontrer
treiben (ie, ie) chasser devant soi ; flotter
trennen séparer
Treppe f. (-, n) escalier
Trester f. (n) marc de raisin **Tresterschnaps** alcool de mauvaise qualité
treuherzig confiant, franc
Trichter m. (s, -) entonnoir, cratère
trinken (a, u) boire
trollen (sich t.) s'en aller
Tropfen n. (s, -) goutte
Trost m. (es) consolation
trösten consoler
trotzdem malgré cela
Tür f. (-, en) porte

— U —

übel mauvais **das sieht nicht übel aus** cela n'a pas l'air si mal
überanstrengt surmené
überblicken embrasser du regard
übergangslos sans transition
übergeben (i, a, e) remettre (en main propre)
überhaupt somme toute, de toute façon **überhaupt nicht** pas du tout
überlegen réfléchir
überqueren traverser (surface)
überraschen surprendre
Uberraschung f. (-, en) surprise
über/schnappen (fam.) devenir fou, perdre la boule
über/stülpen mettre, enfiler (qqch. qui couvre)
über/treffen (i, a, o) surpasser, dépasser
übrigens d'ailleurs
Uhr f. (-, en) montre
um/blicken (nach jm u.) se retourner vers
um/drehen (sich u.) se retourner
umgeben entourer
um/kehren faire demi-tour, revenir
umsinken (a, u) tomber lentement
umsonst en vain

unanständig indécent
unbehaglich désagréable
unbeholfen maladroit, gauche
unbestimmt vague
uneheliche Geburt naissance illégitime
unendlich infini
unerhört inouï
unfähig incapable
ungebräuchlich inhabituel
Ungeduld f. impatience
ungeduldig impatient
ungeheuer incroyablement
ungezogen mal élevé
Unheil n. (s) calamité, désastre
unheimlich inquiétant, lugubre
unmenschlich inhumain
unmittelbar directement (juste devant, derrière, etc.)
unmöglich impossible
unnahbar hautain
unordentlich désordonné, pêle-mêle
Unrecht n. (s.) injustice, tort
Unruhe f. (-) inquiétude
unruhig inquiet
unsagbar indicible
unsicher mal assuré
unsichtbar invisible
Unsinn m. (s) absurdité
untereinander entre eux, mutuellement
Unterhemd n. (s, en) tricot de corps
Unterricht m. (s) enseignement
ununterbrochen sans interruption
unverbraucht qui a l'air jeune (pas usé)
unwillig de mauvais gré, à contrecœur
Urgroßvater m. (s, -) arrière-grand-père
Ursache f. (-, n) cause
ursprünglich à l'origine

— V —

verabreden (etw. v.) se concerter
verabschieden (sich v.) prendre congé
verachten mépriser
verächtlich méprisant
Verachtung f. (-, en) mépris
verändern changer
verbergen dissimuler
verbeugen s'incliner, faire une révérence
verbieten (a, o) interdire
verbittten (verbat, verbeten) (sich etw.) ich würde mir das verbitten je ne le tolérerais pas
verbittert aigri
verbrennen (verbrannte, verbrannt) brûler
verdächtig suspect
verderben (i, a, o) corrompre, gâter
vereinzelt un par un, isolément
verfallen (ä, ie, a) auf etw. verfallen tomber sur une idée
Verfassung f. (-, en) état (dans lequel on se trouve)
verfaulen pourrir
Verfolgung f. (-, en) poursuite
vergebens en vain
vergehen (verging, vergangen) passer (temps)
vergleichen (i, i) comparer
Vergnügen n. (s, -) plaisir **etw. bereitet jm V.** qqch. amuse qqn
vergraben (ä, a, u) (1) (etw. v.) enterrer, enfouir
vergraben (ä, a, u) (2) (sich in etw. v.) se plonger dans (travail)
verhaken nouer (doigts), emmêler
verhalten (ä, ie, a) se conduire
verhandeln négocier, traiter
verharren (lit.) rester, continuer
verheißungsvoll prometteur
verhindern empêcher
verjagen chasser
verkaufen vendre
verkleiden déguiser
verkleidet recouvert de, habillé de
verlangen demander, réclamer
verlassen (ä, ie, a) quitter, abandonner
verlaufen (ä, ie, au) se dérouler, se passer
verlegen confus, gêné
Verlegenheit f. (-, en) embarras, gêne
verlieren (o, o) (sich v.) se perdre
vermeiden (ie, ie) éviter
vermögen (vermag, vermochte, vermocht) être capable de
vermuten, etw. v. se douter de qqch.
vernehmen (i, a, o) (lit.) entendre
vernünftig raisonnable
verödet désert
Verrat m. (s) trahison
verraten (a, ie, a) dévoiler
verrostet très rouillé
verrufen louche
verrückt fou
Verrückte m. (en, en) fou
verschaffen (jm etw. v.) procurer
verscheiden (ie, ie) (lit.) trépasser
verscheuchen chasser
verschicken envoyer (plusieurs lettres)
verschlucken (sich v.) avaler de travers
verschränken croiser (les bras)
verschwappen renverser (un peu de liquide)
verschwinden (a, u) disparaître
versehen, mit etw. v. sein être pourvu de
versenken (sich v.) s'absorber
versiegen se tarir
versinken (a, u) sombrer, s'enfoncer
versonnen songeur
versperren fermer à clef
verspätet en retard
verstimmen contrarier
Verstimmung f. (-, en) contrariété, indisposition
verströmen se répandre
Verständnis n. (ses, s) compréhension
verstört effaré, hagard
Versuch m. (s, e) essai

versuchen essayer
Vertrauen n. (s) confiance
vertrauensvoll plein de confiance
vertraut familier
vertreiben (ie, ie) chasser
verwandeln transformer
verwandt apparenté **der/die Verwandte** parent
verwechseln confondre (qqch.)
verwickeln, jn in ein Gespräch v. entraîner qqn dans une conversation
verwirrt (1) emmêlé
verwirrt (2) confus, décontenancé
verzaubern transformer par enchantement
verzerren tordre, distordre
verzichten, auf etw. v. renoncer à
vollkommen complètement
Vollmond m. (s) pleine lune
vollpressen remplir **vollgepreßt** plein à craquer, bondé
Vorbereitung f. (-, en) préparatif
Vorbild n. (es, er) modèle
vorderhand en attendant
Vorfall m. (s, ¨e) incident
vorhaben (mit jm etw. v.) projeter (qqch. à l'égard de qqn)
Vorhang m. (s, ¨e) rideau
vorkommen (1) paraître, apparaître (dans une histoire)
vorkommen (2) (kam, gekommen) das kommt mir komisch vor ça me paraît bizarre
vorliegen s'agir
Vorratskammer f. (-, n) garde-manger
vorschlagen (ä, u, a) proposer
Vorsicht attention
vorsichtig prudent
Vorstadt f. (-, ¨) banlieue
vorstellen (sich etw. v.) imaginer qqch.
Vorstellung f. (-, en) représentation
vorübergehen passer
vorüberziehen (o, o) passer
Vorwand n. (s, ¨e) prétexte
vorwurfsvoll réprobateur
vorwärts kommen avancer

— W —

wachsen (ä, u, a) grandir, croître, pousser
wagen (sich w.) s'aventurer, oser
Wagnis n. (ses, se) entreprise risquée
wahnsinnig dément
während tandis que
Wahrheit f. (-, en) vérité
wahrheitsgemäß (adv.) qui correspond à la vérité
Wald m. (s, ¨er) forêt
Wanderer m. (s, -) randonneur
Wange f. (-, n) joue
Ware f. (-, n) marchandise
Warnung f. (-, en) avertissement
Wechselgeld n. (s, er) monnaie (qu'on rend)
Wegweiser m. (s, -) panneau indicateur
weh tun (tat, getan) faire mal
wehen (1) souffler (vent)
wehen (2) flotter (dans le vent)
Weib f. (-, er) (péjor.) femme
weiden paître
Weiher m. (s, -) étang
weinen pleurer
Weinlaub n. (s) feuilles de vigne
weiterleiten transmettre
Welt f. (-, en) monde **auf die Welt kommen** naître
wenden (wandte, gewandt) se tourner vers
wenigstens au moins, du moins
wenn nicht + comp. si ce n'est plus
Wesen n. (s, -) être **lebendes Wesen** être vivant
wesentlich essentiel
weshalb pourquoi
wetzen frotter
Wißbegier f. soif de savoir
wichtig important
Widerruf n. (s, e) auf Widerruf jusqu'à nouvel ordre
widerspenstig récalcitrant, rebelle
widerwärtig répugnant, repoussant
wiederholen répéter
Wiese f. (-, n) pré
wild sauvage
Wimper f. (-, n) cil **ohne mit der Wimper zu zucken** sans sourciller
windig éventé
winseln geindre
wirken avoir un effet
Wirt m. (s, e) patron de bistrot
Witz m. (s, e) plaisanterie, bon mot **Witze über etw. reißen** se moquer
Wohl n. (s) bien, bien-être
wohnen habiter
Wohnung f. (-, en) appartement
Wolke f. (-, n) nuage
womöglich peut-être
Wort n. (s, ¨er) jm ins Wort fallen couper la parole à qqn
wünschen souhaiter
würdevoll noble
würdig (+ génitif) digne
Wut f. (-) fureur, colère
wüttend furieux **wüttend werden** se mettre en colère

— Z —

Zahl f. (-, en) chiffre
zahlreich nombreux
zart fragile
Zärtlichkeit f. (-, en) tendresse
Zeichen (s, -) signe
Zeigefinger m. (s, -) index
Zeit f. (-, en) temps

zerbrechen (i, a, o) casser
zerbröckeln tomber en miettes
zerdrücken écraser
zereißen (riß, gerissen) déchirer
zerfallen tomber en morceaux, se désagréger
zerfransen (sich z.) s'effilocher
zerfurcht labouré d'ornières
zerkauen mastiquer
zerlumpt en loques
zermalmen (lit.) broyer, anéantir
zerreiben (ie, ie) émietter
Zeug n. (s) camelote
ziehen (o, o) davon ziehen (fam.) s'en aller
Ziel n. (s, e) but
ziemlich assez, plutôt
Zins m. (es, e) (autrichien) loyer
zögern hésiter
zornig en colère
Zuchthaus n. (es, ⸚er) prison, maison de redressement
zucken tressaillir
Zucker m. (s) sucre
zudem en plus
Zufall m. (s, ⸚e) hasard
zufällig par hasard
zufrieden lassen (fam.) laisser tranquille
Zufriedenheit f. (-, en) satisfaction
zu/geben (i, a, e) admettre
zugig traversé de courants d'air
zuliebe, jm zuliebe pour faire plaisir à qqn
zumindest au moins
zunächst d'abord
Zunge f. (-, n) langue
zurückweisen (ie, ie) repousser
Zurückweisung f. (-, en) refus d'accepter
zusammen ensemble
zusammenfalten plier
Zusammenhang m. (s, ⸚e) relation, contexte
zuschlagen (ä, u, a) claquer (fermer en claquant)
zusehends à vue d'œil
zutraulich plein d'assurance
zutreffen (i, o, o) s'appliquer à, être approprié **diese Beschreibung trifft/auf ihn zu** cette description s'applique à lui
zuvor auparavant
zwar certes, en effet
Zweck m. (s, e) but
zweifellos (adv.) sans doute
Zweig m. (s, e) branche
zwingen (a, u) gezwungen sein ne pas pouvoir faire autrement
zwinkern, mit den Augen z. faire un clin d'œil
Zwischenfall m. (s, ⸚e) incident

Composition réalisée par COMPOFAC - PARIS

IMPRIMÉ EN FRANCE PAR BRODARD ET TAUPIN
Usine de La Flèche (Sarthe).
LIBRAIRIE GÉNÉRALE FRANÇAISE - 6, rue Pierre-Sarrazin - 75006 Paris.

ISBN : 2 - 253 - 04693 - 0

30/8606/3